商场超市运营与管理

新零售运营管理项目组　组织编写

化学工业出版社

·北京·

内容简介

《商场超市运营与管理》一书详细论述了新零售时代商场超市的转型、卖场布局规划、商品结构优化、采购与供应管理、商品损耗控制、卖场促销管理、卖场安全管理、提升服务质量、加速转型电商、O2O跨越发展、布局新零售11个部分的内容。

本书定位于实操，完全去理论化，内容简洁实用，同时板块设置精巧、结构清晰明确。既可以作为专业培训机构、院校零售专业等培训教材、培训手册，又可以作为商场超市各级人员的工作指导书，直接应用于实际工作中。

图书在版编目（CIP）数据

商场超市运营与管理/新零售运营管理项目组组织编写．—北京：化学工业出版社，2021.2（2025.4重印）
（新零售经营管理一本通）
ISBN 978-7-122-38108-8

Ⅰ.①商… Ⅱ.①新… Ⅲ.①商场-商业管理 ②超市-商业管理 Ⅳ.①F717

中国版本图书馆CIP数据核字（2020）第243616号

责任编辑：陈　蕾　　　　　　　　　　　加工编辑：王春峰　陈小滔
责任校对：王鹏飞　　　　　　　　　　　装帧设计：尹琳琳

出版发行：化学工业出版社（北京市东城区青年湖南街13号　邮政编码100011）
印　　装：涿州市般润文化传播有限公司
710mm×1000mm　1/16　印张14$\frac{1}{2}$　字数271千字　2025年4月北京第1版第5次印刷

购书咨询：010-64518888　　　　　　　　售后服务：010-64518899
网　　址：http://www.cip.com.cn
凡购买本书，如有缺损质量问题，本社销售中心负责调换。

定　　价：68.00元　　　　　　　　　　　　　　　　　　　　版权所有　违者必究

遍地开花的商场（超市）给人们的生活带来了便利，成为人们生活中不可或缺的一部分。在经济多元化发展的大环境下，消费者对购物体验的要求越来越高，既注重产品也注重消费体验，而智能陈列及商超设备的出现，则满足了消费者的需求，促进了行业的发展，也适应了时代的发展。

随着电商行业的不断发展，传统零售行业经历了一段长时间的低迷，但在互联网技术的推进下，零售行业将线上技术融会贯通，新零售应运而生，成为当下的热门行业。

零售行业一直秉承着客户、流量为上帝的原则，只有留住顾客，增强客户的黏性，才能得到更长久的发展。然而在如今这样一个竞争压力大的网络时代，仅靠着卖场的营销手段已经不能将客户牢牢绑定。商场（超市）亟需找到新的营收增长点，突破口便是结合科技，让企业往信息化、数字化、智能化的方向发展。如果卖场结合公众号、小程序、微信搜索等线上有效手段，就能很好地保留客户的信息，大幅度增加用户黏性，通过更多端口，有效沉淀客户资源。

目前，为应对电商冲击以及激烈的市场竞争，大多商场（超市）积极探索，不断创新商业业态，尝试线上线下融合业务。不仅是互联网企业，传统的商场（超市）也在悄悄布局到家业务，并且已经从最初的和第三方平台合作，发展到开发独立的App或小程序。

新零售可以说是商场超市依托互联网，通过运用大数据、人工智能等先进技术手段，对商品的生产、流通与销售过程进行升级改造，进而重塑业态结构与生态圈，并对线上服务、线下体验以及现代物流的深度融合。

新零售时代，就是让消费者的体验更快速、更便捷、更有价值。在互联网的高速发展下，零售行业只有打通更多渠道，才能有效占领市场份额，实现更高效的运营！

基于此，本项目组编写了"新零售经营管理一本通"丛书，具体包括《商场超市运营与管理》《商场超市布局与陈列》《商场超市营销与促销》《商场超市卖场服务与生鲜管理》。

其中，《商场超市运营与管理》由导读"新零售时代商场（超市）的转型"、卖场布局规划、商品结构优化、采购与供应管理、商品损耗控制、卖场促销管理、卖场安全管理、提升服务质量、加速转型电商、O2O跨越发展、布局新零售11章内容组成。

本书定位于实操，完全去理论化，内容简洁实用，同时板块设置精巧、结构清晰明确，既可作为专业培训机构、院校相关专业等的培训教材（培训手册），又可以作为商场（超市）各级人员的工作指导书，直接应用于实际工作中。

在本书编写过程中，由于笔者水平有限，加之时间仓促，疏漏之处在所难免，敬请读者批评指正。

编者

目录

导读 新零售时代商场（超市）的转型

0.1	新零售概念的由来	1
0.2	新零售与传统零售的区别	2
0.3	传统零售向新零售的转型	3
0.4	新零售时代商场（超市）的精细化管理	6
	相关链接　2019零售行业关键词	7

第1章 卖场布局规划

卖场指的就是商场（超市）内陈列商品供顾客选购的营业场所。科学化、规范化的卖场布局能引导客流到卖场的每一个位置，让每一个"死角"活起来，确保商场（超市）的效益最大化。

1.1	卖场规划的原则	10
1.2	出入口的设计	12
1.3	购物流线的设计	13
1.4	通道的布局与设计	15
1.5	卖场布局的优化	16
1.6	商品陈列的原则	18
	相关链接　能够让顾客"显而易见"的陈列位置	20
1.7	商品陈列的规划	26

第 2 章　商品结构优化

实践证明，商场（超市）的商品构成中，如果20%的商品创造了80%的销售额，才表明商品构成基本正常。作为商场（超市）的经营者与管理者要明确，商场（超市）竞争的核心还是在于商品构成策略。

2.1　商品结构的设计　　　　　　　　　　　　　　　　　30

2.2　商品选择的要领　　　　　　　　　　　　　　　　　32

2.3　商品结构的调整　　　　　　　　　　　　　　　　　34

2.4　商品价格的制定　　　　　　　　　　　　　　　　　37

　　　相关链接　商场（超市）的定价策略　　　　　　　39

2.5　新商品的引进　　　　　　　　　　　　　　　　　　41

2.6　滞销商品的淘汰　　　　　　　　　　　　　　　　　44

　　　相关链接　非实际退货的注意事项　　　　　　　　46

第 3 章　采购与供应管理

为了保证企业能采购到适销对路的商品，商场（超市）必须根据自身状况，来确定采购渠道、做好采购业务决策、进行采购洽谈、签订采购合同，加强对商品采购过程的管理，确保采购工作的圆满完成。

3.1　采购计划的制订　　　　　　　　　　　　　　　　　50

3.2　供应商的开发　　　　　　　　　　　　　　　　　　52

3.3　采购业务的洽谈　　　　　　　　　　　　　　　　　57

　　　相关链接　采购谈判的10个技巧　　　　　　　　　59

3.4　采购合同的签订与管理　　　　　　　　　　　　　　61

3.5　供应商的进场　　　　　　　　　　　　　　　　　　64

　　　【范本】××超市新供应商进场审批申请书　　　　64

3.6　供应商的评价考核　　　　　　　　　　　　　　　　66

　　　【范本】××超市供应商评价表　　　　　　　　　67

3.7　供应商的适时淘汰　　　　　　　　　　　　　　　　68

第 4 章　商品损耗控制

卖场内的损耗直接影响着商场（超市）的利润，降低损耗、缩减相关费用可使商场（超市）获得最大的利润。著名的零售企业沃尔玛超市已将商品的损耗控制在1%以内，而一般的超市损耗则在3%～5%，有的甚至更高，所以有效地控制损耗，是零售业管理的重中之重。

4.1　商品损耗的类别	72
4.2　开业期间商品的损耗控制	73
4.3　收银作业的损耗控制	75
4.4　非生鲜品的损耗控制	77
4.5　生鲜品的损耗原因	79
4.6　生鲜商品的损耗控制	82
相关链接　超市损耗管理的具体措施和现实途径	87
4.7　实行全员和全过程防损	90

第 5 章　卖场促销管理

广泛的促销活动是商场（超市）提升业绩、争取顾客、积极参与同业竞争的有效手段。在日益激烈的商场（超市）竞争中，有效的促销不仅依靠新颖的创意，更需要强有力的执行和规范的操作，才能达到最佳的促销效果，创造良好的经营效益。

5.1　促销的认知	94
5.2　常见的促销模式	95
5.3　常用的促销工具	97
5.4　促销计划的制订	101
【范本】××商场开业促销方案	102
5.5　促销活动的策划	104
5.6　促销的准备	105

5.7　促销人员的管理　　108
5.8　促销效果的评估　　110

第 6 章　卖场安全管理

　　商场（超市）的卖场是相对固定的，而安全服务是动态的，卖场安全管理也是一个非常重要的方面，因为商场（超市）目标市场的覆盖面广泛，前来购物的顾客人数众多，营业时间长，因此安全问题非常重要。

6.1　购物环境的安全管理　　118
6.2　卖场设备的安全管理　　120
6.3　卖场设施的安全管理　　121
6.4　卖场人员的安全管理　　121
6.5　卖场治安巡逻管理　　122
　　【范本】商场巡逻保安员岗位职责　　123
6.6　卖场突发事件的处理　　124
6.7　卖场节假日安全管理　　129
　　【范本】××商场春节期间安保方案　　129
6.8　卖场消防安全管理　　132
　　相关链接　消防设备应检查什么　　135

第 7 章　提升服务质量

　　商场（超市）的顾客在购买商品的同时，应享受到高质量的服务，这不仅是使顾客满意的重要内容，而且也是商场（超市）在激烈的市场竞争中能更好地生存和发展的关键。

7.1　卖场服务的含义　　138

7.2	卖场服务的类型	139
	相关链接　商场（超市）常见的服务项目	143
7.3	提升卖场服务质量的意义	146
7.4	满足顾客的消费自主性	148
7.5	提升顾客的满意度	150
	相关链接　大型连锁超市提升顾客满意度的策略	154
7.6	注重细节升级服务	155
	相关链接　部分超市服务细节缺少人性化	157
7.7	做好收银服务	158
	相关链接　解决收银排队的难题	163
7.8	妥善处理顾客的投诉	165

第 8 章　加速转型电商

在电商经济盛行的时代，商场（超市）电商化正在以其独特的方式改变着人们的消费方式。人们通过PC端、移动端逛商场（超市）逐渐成为常态，商场（超市）如何利用电商转型升级，成为当下热议的话题。

8.1	实体零售转型电商的趋势	168
8.2	转型电商面临的挑战	169
8.3	向电商转型的模式	171
	相关链接　传统卖场向数字化转型	173
8.4	向电商转型的策略	176
	相关链接　老字号商场借助抖音加速转型	177
8.5	全渠道扩展转型	179
	相关链接　传统超市应对"寒冬"，向全渠道零售商转型	183

第 9 章　O2O 跨越发展

相比传统实体零售的不便利性、传统电商的体验不足，零售O2O的跨越式发展，着实能让消费者体验到"鱼与熊掌兼得"的好处。伴随着大数据、云技术、社交工具、移动支付等新技术、新工具的应用，零售O2O的跨越式发展已是不可阻挡的趋势。

9.1　O2O转型存在的问题	188
9.2　O2O有效融合的措施	190
9.3　构建O2O生态闭环	192
相关链接　如何把O2O模式应用到零售实体商店	193
9.4　推进O2O全渠道融合	195
相关链接　线上线下无缝链接，传统超市大变模样	197

第 10 章　布局新零售

随着大数据时代的到来、消费群体的改变、消费观念的更新和购买力的不断提高，对零售行业提出的要求更高，零售业转型升级势在必行。

10.1　布局小业态	202
相关链接　华润万家加速业态调整	203
10.2　推广到家服务	204
相关链接　京东到家合作商超规模稳步扩大	206
10.3　开拓生鲜市场	207
相关链接　7FRESH的"黑科技"	209
10.4　增强购物体验	212
相关链接　新零售带来消费新体验	213
10.5　充分运用新技术	213
相关链接　商场（超市）布局新零售"样本"	215
10.6　利用社交新零售扩大销售	221

导读
新零售时代商场（超市）的转型

随着互联网和电子商务的发展，现如今，传统意义上的零售商业模式已经难以满足社会发展需要，尤其是经营结构和产业结构方面受到了严重影响，因此我国零售行业逐渐开始转型升级，形成了传统零售和网络零售并存的新型零售模式。

0.1 新零售概念的由来

2016年10月13日，时任阿里巴巴董事局主席的马云在阿里云栖大会上首次提出了"新零售"概念。马云提到，纯电商时代很快会结束，未来十年、二十年，只有新零售这一说，线上线下和物流必须结合在一起，才能诞生真正的新零售。如今这一新概念已经得到了广泛认可。

新零售就是指个人、企业以互联网为依托，通过运用大数据、人工智能等先进技术手段，对商品的生产、流通与销售过程进行升级改造，进而重塑业态结构与生态圈，并对线上服务、线下体验以及现代物流进行深度融合的零售新模式。如图0-1所示。

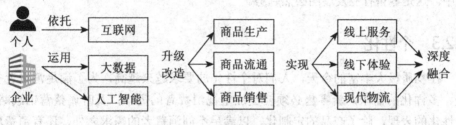

图0-1 新零售的概念

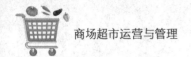

> **小提示**
>
> 新零售的关键在于使线上的互联网和线下的实体店形成真正的合力,从而完成电商平台和实体店的优化与升级。

0.2 新零售与传统零售的区别

相较于传统零售行业,新零售的本质区别可以分为图0-2所示的四点。

图0-2 新零售与传统零售的区别

0.2.1 数据化

在新零售业态中,人、货物、场地三者之间的关系将率先发生改变。对传统零售商家来说,很难收集到用户的消费行为和相关信息。但是在新零售环境中,可以通过对顾客的消费行为及其他信息,构建用户画像,打造数据化运营的基础。

0.2.2 去中心化

除了数据化是传统零售行业不可比肩的,新零售相较于传统零售的明显改变还在于它的去中心化,即将获利方式从信息不对等的差价回归到产品与效能的增值中。这是零售行业发展的必然趋势。

0.2.3 个性化

在物质极大丰富的今天,人们对个性化的要求越来越高,为了满足消费者多变、多样化的需求,新零售必须要更加重视消费者的需求,及时调整营销战略。个性化的表现,除了产品的定制化,以满足不同消费者的需求之外,还有消费场景的要求。

0.2.4 全场景化

在新零售模式之下,消费场景无处不在。线上与线下应该是紧密结合在一起的,偏重其中一方都可能导致战略上的失衡。线上平台搭建,线下沉浸式消费场景,都是新零售区别于传统零售的优势。

传统零售购物场景是到店、拿货、付款、走人,网店零售的场景是浏览、购物车、付款、收包裹,相对来讲都比较简单;而新零售场景包括门店购、App购、小程序购、店中店触屏购、VR购、智能货架购、直播购等。

0.3 传统零售向新零售的转型

新零售模式的核心是线上消费、线下体验以及现代物流的深度融合,而深度融合要以"人"为中心。传统零售要想向新零售转型,图0-3所示的几点措施可供参考。

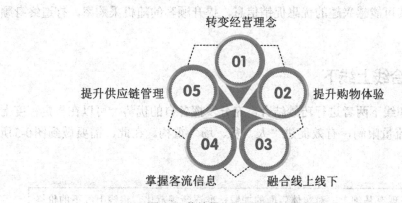

图0-3 传统零售向新零售转型的措施

0.3.1 转变经营理念

为了适应当下市场竞争激烈的现状,传统零售需做好图0-4所示的几点来转变传统的经营理念。

0.3.2 提升购物体验

现今商品的多样化使得商品本身难以有效地对顾客造成影响,因而可以通过打造商品品类组合的消费场景,吸引消费者的注意力及兴趣,触动消费者的购买

1. 要构建起以消费者为中心的经营理念与营销模式,打破传统的商品中心理念,展现零售本身对消费者的价值,实现与顾客关系的良好搭建

2. 要处理好企业与顾客之间的连接关系,实现顾客价值的最大化,打造终身顾客的价值观念

3. 要建立起以流量为中心的观念,牢牢把握吸引目标顾客、连接潜在顾客、转化影响观望顾客及准顾客、打造终身顾客价值的经营主线

4. 不能遗忘了社群对于消费者的影响力,注意企业同社群之间的关系

图 0-4　转变传统的经营理念的措施

动机。顾客购物体验的提升,可以增强消费者在门店的黏性,为分析调整提供数据支持。在大数据分析后,可以精确地为消费者进行画像,从而在消费者的购物过程中推送其可能感兴趣的优惠促销信息,提升顾客的随机采购率,打造终身顾客价值。

0.3.3　融合线上线下

将线上和线下两者进行巧妙结合,充分发挥各自的优势,可以在一定程度上突破区域和流量限制,有效促进"人、货、场"重构。在此,需要做到图 0-5 所示的几点。

1. 在现有基础上,对实体店面的加盟标准逐渐规范化,将线上线下的价格标准进行统一

2. 线上线下双方达成合理的利益分配方案

3. 建立一个可以提供库存及会员信息等内容的共享系统

4. 培训门店导购,使其理解线上线下零售模式,使门店导购与线上导购相互融合、互相合作

图 0-5　融合线上线下的措施

0.3.4 掌握客流信息

以消费者为主导的时代，门店需要高度展现以消费者为中心的理念。门店规划的核心就是留住顾客、增加顾客停留时间，让消费者成为主角。可以通过技术上的支持，实现大数据的采集及相应的管理，从而精确掌握消费者在卖场里的购物线路、停留时间、意向商品及购物清单等，实现人、货、场的数据关联，为门店的调整提供数据支持。

另外，也可以实现自助收银。自助收银不仅节省费用，还可以解决消费者注册问题，把消费者变为数据化资产，成为可以连接的流量资源，而且还有利于提升年轻消费群体的购物体验。

0.3.5 提升供应链管理

当生鲜行业进入"中场战事"，供应链管理能力，就成了品牌最根本、最核心的竞争力。毕竟，在特殊的疫情期间，消费者的诉求是"有得吃"，也就是说，只要品牌有东西卖，能够满足基本的需求，消费者不会有太多挑剔。而当整个社会已经全面恢复常态后，消费者的需求也就回到了"吃得好"，这时候，以更快的速度交付给顾客新鲜、实惠、丰富的产品，就需要供应链有稳定不断的供给能力了。

从市场背景到消费需求，都指向了企业建立供应链的重要性与必要性。一直是行业标杆的"盒马鲜生"，以战略性外延、策略性调整的思路，再次为生鲜新零售提供了"中场进阶"的"样本"。

阿里巴巴相关负责人在接受媒体采访时曾表示："2020年盒马会把供应链能力放在第一位，去建设一批愿意跟盒马共同成长的战略供应商，以及建各种各样的蔬菜基地、水果基地、肉禽蛋的战略合作伙伴基地等，希望到年底以后，盒马有50%商品外面是买不到的。"

为了实现这一点，盒马计划2020年在国内所有盒马入驻的城市建立加工中心，从而保证门店供应商品的能力。而早在2018年11月，盒马就宣布启动了总投资达20亿元的华中区域供应链运营中心项目。

但加工中心并不是盒马供应链的终局。"建立产、供、销三大平台，在全国落地1000个数字农业基地，对农业产业进行全链路数字化升级"的阿里数字农业事业部，在2020年4月，将百亿级产业基地落户在上海浦东新区航头镇。

这座百亿级产业基地是一个集全自动立库、自动存储输送、分拣加工为一体的加工配送中心，预计2022年投产使用，年营收将超100亿元，服务于上海各大盒马门店。盒马村、数字农业示范基地和订单农业生产基地，将在上海全速开拓。

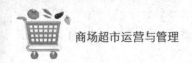

0.4 新零售时代商场（超市）的精细化管理

新零售时代的商场（超市）发展，面对着与互联网电商竞争的压力，同时存在着管理局限性以及信息化水平低等问题，给管理工作制造了一定的困难。为了提高商场（超市）的经营管理水平，符合新零售时代的发展需求，该过程中，商场（超市）需要建立其自身电商平台，创新经营管理模式，推动信息化管理的建设，充分发挥其优势，同时弥补其不足，更加精细地开展管理工作，创造良好的经济效益。

0.4.1 建立电商平台

电子商务的发展，促进了新零售模式的形成。商场（超市）的经营管理，需要紧跟新零售时代的趋势。了解当前人们的消费习惯，进而对管理模式进行调整和改版。商场（超市）可以建立自身的电商平台。

商场（超市）在建设自身电商平台的过程中，需要将互联网、云计算等先进技术应用进来，促进实体店铺和网络店铺的联动，提高销售效率。

商场（超市）经营策略的制定与挑战，需要以人们的消费习惯和消费趋势作为参考，并对其做出准确的预测。商场（超市）要生产制造多样化、个性化的产品，满足消费者的各类需求，为其生活提供更为方便、快捷的服务。

0.4.2 创新经营管理模式

新零售时代的商场（超市）经营管理，应充分发挥自身的优势，并对其劣势进行弥补。商场（超市）需要了解当前的经济形势，抓住互联网发展带来的新商机，利用国家政策对零售业的支持，对传统的经营管理模式进行创新。

商场（超市）在发挥其地理位置优势的同时，应科学合理地进行营运布局规划，加强对物流、仓储等基础设施的建设，升级采购链条，为供货与销售提供支持。商场（超市）应该利用其优良的口碑，加强自身品牌的宣传，提高其影响力。

0.4.3 推动信息化管理

商场（超市）要应用信息化技术，建立信息管理系统，使财务统计分析、会议信息传达、售后服务等工作高效地进行，减轻人力的工作负担，同时减少工作失误差错。

利用信息化手段，能够实时了解市场动态，便于对经营管理策略进行调整，实现商品周转的智能控制和调整，从而减少商品货物积压的问题。

在售后服务方面，商场（超市）门店能够了解顾客的投诉信息，及时作出处理，并予以反馈，帮助顾客解决实际问题，保障消费者的合法权益。

 相关链接

2019零售行业关键词

观察令人眼花缭乱的2019年零售业变局，直播带货、下沉市场、一小时生活圈、反向定制等几大关键词不容忽略。

1. 直播带货

2019年是网红直播带货大爆炸的一年，"双11"有超过50%的商家通过直播形式卖货，当天淘宝直播带来的成交额就近200亿元。其中李佳琦的战绩超过10亿元，体量抵得上部分商场一年的销售额。爆火的还有李子柒，通过短视频分享田园牧歌的乡村生活，她在淘宝上开设的同名美食品牌店铺，款款成为"爆品"。

2. 下沉市场

下沉市场指的是三线及以下城市、乡镇与农村地区的市场。数据显示，下沉市场的消费群体占全国人口的七成左右。"2019年，下沉市场的线上消费有近80%的品类增速都要快于一二线市场，他们对生活品质升级的需求强烈。"CBNData首席商业分析师李湘说。

3. 一小时生活圈

下沉市场消费升级，而一二线城市拼的是购物体验。2019年线上零售的到家速度不断被刷新纪录，"一小时到家"已经成为众多零售电商平台的标配，苏宁小店、京东到家、每日优鲜、盒马鲜生等都有此类服务。

4. 反向定制

平台利用大数据对消费者的需求精准把握，与制造者更顺畅地对接，消费者也从挑选者变为订购者。"将500多万个线上线下的消费者评价信息通过AI深度学习后，我们分析出老百姓对一口锅的主要诉求有六点，直接反馈给厂家，定制生产出来的一款锅成为热销爆品。"苏宁科技常务副总裁荆伟说。

第 1 章
卖场布局规划

📖 **导言** ▶▶▶

> 卖场指的就是商场（超市）内陈列商品供顾客选购的营业场所。科学化、规范化的卖场布局能引导客流到卖场的每一个位置，让每一个"死角"活起来，确保商场（超市）的效益最大化。

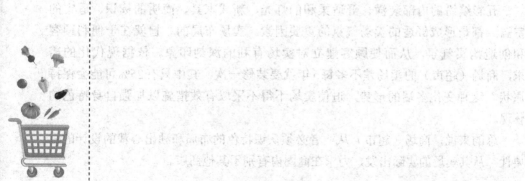

1.1 卖场规划的原则

卖场布局与规划应该充分体现科学与艺术的有机结合，它是一个比较复杂的问题，涉及光学、声学、心理学、美学等多门学科的综合运用，应合理统筹考虑商品的种类、数量，经营者的管理理念，顾客的消费心理、购买习惯，以及卖场本身的形状大小等因素。

比如，根据顾客的购物习惯、消费心理和格调品位来安排货位，根据人流物流的大小方向、人体力学等来确定通道的走向和宽度，根据经营商品的品种、档次、关联性和磁石理论来划分售货区等。

一般来说，卖场规划应遵循图1-1所示的原则。

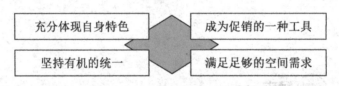

图1-1 卖场规划的原则

1.1.1 充分体现自身特色

商场（超市）可以有不同的市场定位和企业形象定位，但是成功的企业总是把低价位销售作为企业形象设计和卖场设计的一个基本内容来考虑。就后者而言，大部分商场（超市）卖场的规划与布局几乎千篇一律，尤其是结构、设备、设计以及装饰方面，明显区别不大。因而，在一定程度上给顾客感觉识别带来了困难，很难让顾客对商场（超市）形成特别深刻的印象，也就谈不上以优美的环境来吸引顾客、增加销售了。

五彩缤纷的内部装潢、舒适柔和的灯光、新式家具、简明的标识、适宜的室温，都是形成舒适的卖场气氛的重要因素。卖场布局的主旨就在于便利顾客和创造购买气氛，从而使顾客建立对卖场有利的深刻印象。依据现代化的需求，商场（超市）的卖场差不多每5年就要装修一次，其中只有25%可能会保持原状。这种变化多端的形势，迫使卖场不得不采取有效措施以加强自身特色的体现。

总的来说，商场（超市）从业者必须认识特色的布局和独出心裁的设计的重要性，从其卖场的实际出发，力求在商圈内有别于其他商店。

1.1.2 坚持有机的统一

商场（超市）的卖场设计应该充分体现CIS理论在卖场中的运用，坚持做到有机的统一，也就是说内外形式统一、行为识别与经营理念统一、内在服务质量与外在服务形式统一等。

CIS是指企业识别系统，是英文Corporate Indentity System的缩写，起源于美国，后来被企业界广泛运用。CIS包括理念识别系统、行为识别系统和视觉识别系统，其中视觉识别系统在CIS中最直接，冲击力最强，它主要包含内外两个因素，如图1-2所示。

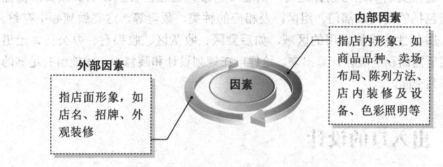

图1-2 CIS视觉识别系统包含的两个因素

1.1.3 成为促销的一种工具

卖场规划与设计的目标就是尽量使卖场对顾客具有吸引力和方便性，同时有效利用空间，以求获得满意的销售量和利润。因此，在本质上，卖场的设计就是促进销售的一种工具，也就是借着规划、布局的调整获得多种功能的充分有效利用，以求商品最大限度地得到展示。这主要表现在图1-3所示的几个方面。

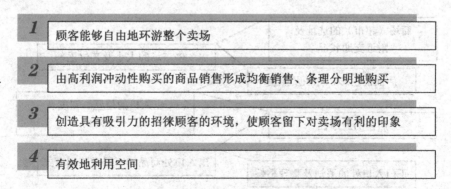

图1-3 卖场设计成为促销工具的体现

如果想达到理想的设计目标，卖场就必须汇集冲动性购买商品、便利品和必需品。这样，回转快的商品才能吸引顾客游览完整个卖场，使顾客在游览过程中购买包括高利润的各种商品。由此看来，唯有良好的规划与设计，才能获得均衡销售和高额净利。而规划与设计必须以消费者为中心，更多地从便利与舒适这一角度出发，充分考虑研究消费者的心理特点和购买习惯，并与之相适应，为消费者提供尽可能适宜的环境条件和便利的服务设施。

1.1.4 满足足够的空间需求

在进行卖场规划与设计之前，商场（超市）的经营者应该认真核算所需面积，所包括的商品、部门、组区，及相应的种类、数量等，这要做到心中有数。同时，服务性的设施占用的区域，如后勤区、收货区、收银台、办公室、走道等，其所需面积也应该计算出来。这样，在规划设计和装修中，才能留有足够的商品陈列空间。

1.2 出入口的设计

出入口设计应考虑卖场规模、客流量大小、经营商品的特点、所处地理位置及安全管理等因素，既要便于顾客出入，又要便于卖场管理。

1.2.1 出入口布局的重要性

任何一种零售业态都是从请顾客进入店内开始的，因此如何让顾客很容易地进入店内购物就成为卖场设计首先考虑的问题。一个商场（超市）在顾客心目中的形象首先取决于图1-4所示的一些因素。

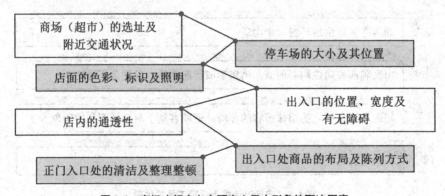

图1-4 商场（超市）在顾客心目中形象的取决因素

1.2.2 入口设计要点

（1）卖场的入口一般设在顾客流量大、交通方便的一边。
（2）通常入口较宽，出口相对较窄一些。
（3）应根据出入口的位置来设计卖场通道及顾客流向。
（4）应在入口处为顾客购物配置手推车和提篮，一般按每10人1辆（个）至每10人3辆（个）的标准配置。

1.2.3 出口设计要点

（1）卖场的出口最好与入口分开，出口通道应大于1.5米。
（2）出口处的收银台，按每小时通过500～600人为标准来设计。
（3）出口附近可以设置一些单位价格不高的商品，比如口香糖、图书报刊、饼干、饮料等，供排队付款的顾客选购。

1.3 购物流线的设计

一般来说，顾客和商家对购物流线有着不同的要求，具体如图1-5所示。

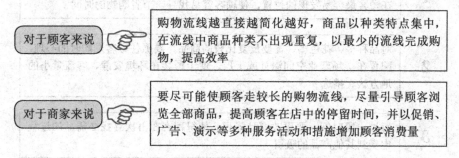

图1-5 顾客和商家对购物流线的要求

卖场的购物流线设计便是在图1-5这两种要求之中平衡，要既能够减少顾客的浏览路程，使购物的效率提高，又能够使商场（超市）提高销售量。同时，卖场的购物路线应该呈现为网状路线，使顾客有更多更丰富的路线，并且给商家提供更多机会。

1.3.1 一次流线

一次流线，是指在流线设计中从入口到出口之间最宽通道流线。商品分类布局对卖场的盈利至关重要，商品分类布局决定了绝大多数顾客的流线，商品的分类布局应当以销售数据为基础，只有销售数据才能决定商品应该布置在哪里。

比如，一个普通的副食品区域，顾客选购最多的商品往往是该区域内的奶制品、水果蔬菜等。如果将这样一个副食品区布置在卖场的收银台附近，多数顾客将只光顾这一区域而不会通过卖场的其他部分。因此很多商场（超市）的卖场在布局上往往将购买数量最多、最常用的商品作为整个布局的终点，在流线设计中以此为依据，使顾客在购买必需品的过程中尽可能多地浏览其他商品，刺激其额外的购买欲望，增加销售额。

但过于复杂的流线设置也可能导致顾客进了卖场就像进了迷宫，反而成为顾客的负担。顾客在货架中转了很久却找不到想要的东西，也可能对卖场产生负面的印象，所以要求经营者学会在设计中巧妙平衡，灵活运用。

1.3.2　二次流线

相对于由视觉引导的一次流线而言，二次流线是科学地对整个卖场空间的平面进行布局再分配。具体设计要求如图1-6所示。

1. 在陈列选购频率高、数量少、选择余地少的商品时，它的位置应设计在顾客最容易发现的位置，使顾客容易找寻，节省购物的时间

2. 对品种多、花色多、需要反复比较的商品，要抓住顾客选购时的心理，配置在卖场营业空间深处或上层，便于顾客在环境安静、客流量小的地方认真挑选

3. 每过一段时间，要更改商品陈列，使得顾客在再次寻找必需品的过程中受到其他产品的吸引

图1-6　二次流线的设计要求

> **小提示**
> 商品的配置和布置关系商场（超市）的成败，商品如果配置不当，顾客想要的商品找不到，不想要的商品过多，不光白白浪费陈列空间，更会导致商品积压。

1.3.3 容错性设计

在卖场的流线设计中,除了方向性的指引之外,还要预留可以调整的空间方案。在投入使用的初期,可以根据顾客的习惯,针对路线和货物的位置进行重新安排。

1.4 通道的布局与设计

卖场的通道划分为主通道与副通道。主通道是诱导顾客行动的主线,而副通道是指顾客在店内移动的支流。卖场内主副通道的设计不是根据顾客的随意走动来设计的,而是根据卖场内商品的位置与陈列来设计的。

良好的通道设置,就是引导顾客按设计的道路自然走向卖场的每一个角落,尽量接触所有商品,使卖场空间得到最有效的利用。图1-7所示的是设计卖场通道时所要遵循的原则。

图1-7 通道布局与设计的原则

1.4.1 足够宽

所谓足够宽,即要保证顾客提着购物篮或推着购物车,能与同样的顾客并肩而行或顺利地擦肩而过。对大型综合商场(超市)和仓储式商场来说,为了方便更多顾客的流动,其主通道和副通道的宽度可以基本保持一致。同时,也应适当地增加收银台周围通道的宽度,以保证收银处有大量顾客排队时,也能通畅无阻。

1.4.2 笔直

通道要尽可能避免迷宫式通道,要尽可能地进行笔直的单向通道设计。在顾客购物过程中尽可能依货架排列方式,将商品以不重复、顾客不回头走的设计方式布局。

1.4.3 平坦

通道地面应保持平坦，处于同一层面上。有些卖场由两个建筑物改造连接起来，通道途中要上或下几个楼梯，有"中二层""加三层"之类的情况，令顾客眼花缭乱，无所适从，显然不利于卖场的商品销售。

1.4.4 少拐角

少拐角是指拐角尽可能少，即通道途中可拐弯的地方和拐的方向要少。有时需要借助不间断的商品陈列线来调节。

比如，美国连锁超市在20世纪80年代形成了标准长度为18~24米的商品陈列线；日本超市的商品陈列线相对较短，一般为12~13米。

这种陈列线长短的差异，反映了不同规模面积的超市在布局上的要求。

1.4.5 明亮

通常通道上的照度起码要达到1000勒克斯，尤其是主通道，相对空间较大，是客流量最大、利用率最高的地方。还要充分考虑到顾客走动的舒适性和非拥挤感。

1.4.6 无障碍物

通道是用来诱导顾客多走、多看、多买商品的，所以应避免死角。在通道内不能陈设、摆放一些与陈列商品，特别是与促销无关的器具与设备，以免阻断卖场的通道，破坏卖场购物环境的舒适性。

1.5 卖场布局的优化

优化卖场布局使之合理化，能起到一种无声而又重要的推销作用，能帮助实现卖场利润的最大化。其优化措施如图1-8所示。

1.5.1 精心设计购买路线，延长消费者在卖场的驻留时间

商场（超市）应该将商品放在人们的行进路线上和视线范围内，尽量将最多的商品在购物者面前展示最长时间，这样能大大增加消费者购买这些商品的概率。具体方法如图1-9所示。

- 精心设计购买路线，延长消费者在卖场的驻留时间
- 根据商品的特点及消费者的购买特点，选择不同的陈列区位
- 购物需要缓冲地带，合理设置并缩小购物过渡区
- 精心设计并合理放置购物篮（车），让消费者能随时拿到
- 精心营造购物氛围，激发消费者的购买欲望

图1-8 卖场布局优化的措施

1. 依照大部分顾客往右走的习惯，尽量将希望推销的商品放在顾客的右边。比如，把最受欢迎的品牌放在正中央——靶心，而把想推销的品牌放在它右边

2. 利用人们向前走、向前看的特征，巧妙利用端口展示和V形展示。端口展示即在卖场每条通道的尽头展示商品；V形展示即把货架摆成"V"形，这样货架上进入购物者视野的商品就增多了

3. 利用好最佳视线，吸引消费者不断在超市移动。最理想的情况应该是，购物者在某个地方选购完成商品后抬起头，发现四五米远的地方还有别的东西也很吸引他。这种巧妙的商品分布能使购物者转遍超市的每个角落

图1-9 购买路线的设计技巧

1.5.2 根据商品的特点及消费者的购买特点，选择不同的陈列区位

在卖场的摆放地点或区位设计中，应以经营商品的性质及消费者的需求和购买特点作为主要依据。

（1）对于人们日常生活必需，价格较低，供求弹性小，交易次数多，无安装、维修等售后服务的便利商品，如糖果、饮料等，应摆放在出入口附近，以满足消费者求方便的心理。

（2）对于时装、家具等，应相对集中地摆放在宽敞明亮的位置，方便消费者观看、触摸，以满足消费者的选择心理。

（3）对于一些高档、稀有、名贵的特殊商品，如工艺品、珠宝首饰等，可摆放在距出入口和便利品柜台远、环境幽雅的地方，以满足消费者的特殊需求。

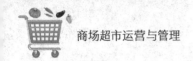

1.5.3 购物需要缓冲地带，合理设置并缩小购物过渡区

消费者虽然已通过停车场迈进了卖场的大门，但实际上要再过一会儿他们才算真正进入卖场，消费者是否会真正进入卖场取决于卖场前端的布局。商场（超市）可以通过在入口处放许多打折商品，将卖场延伸到外面，或从停车场开始就设置商品销售区等方法尽量缩小过渡区，吸引消费者的关注，从而巧妙地实现购物的"自然法则"——购物者需要缓冲地带。

1.5.4 精心设计并合理放置购物篮（车），让消费者能随时拿到

商场（超市）应精心设计并合理放置购物篮（车），可为消费者提供手提购物篮，以及儿童购物车、婴幼儿手推车、老年购物车、双层购物车等不同功能和款式的购物车，让消费者根据需求选择使用。

比如，老年购物车可在推手下设置板凳，老人逛累了还可以坐着休息，上面还有放大镜，方便老人查阅商品。

当顾客拿着3件或3件以上的东西时，卖场销售人员就应递给他一个购物篮，目的是让顾客腾出手来。

1.5.5 精心营造购物氛围，激发消费者的购买欲望

卖场应尽力营造一种温馨明快的气氛，给消费者有一种可亲、可近、可爱的感觉。明朗的商品陈列、诱人的食品、芬芳的化妆品、优美的音乐、明亮的灯光、整洁高雅的环境等，容易使消费者心情愉悦，进而使消费者不知不觉地购买额外的商品。

1.6 商品陈列的原则

顾客进店购买商品，能否清晰准确地感知商品形象，获得良好的情绪体验，很大程度上取决于商品的陈列情况。琳琅满目的商品陈列对销售的促进作用毋庸置疑，零售业可根据顾客心理陈列商品，但也要遵循一定的原则，具体如图1-10所示。

1.6.1 寻找方便

寻找方便就是将商品按品种、用途分类陈列，划出固定区域，如图1-11所示。方便顾客寻找，主要有三个办法，具体如图1-12所示。

图1-10 商品陈列的原则

图1-11 商品分类陈列

① 在卖场入口处安置区域分布图。通常,大型的零售企业入口处都有本卖场区域的分布图,方便顾客找到自己想要的商品

② 在每一个区域挂上该区域的名称,比如蔬菜区、日化区等,这样,顾客就能通过这些指示牌很容易找到自己所要选购的商品位置

③ 方便顾客选择、购买。方便顾客选择、购买是指要根据商品的特性来决定什么样的商品应该放在什么样的位置

图1-12 寻找方便的办法

1.6.2 显而易见

显而易见就是要使顾客很方便看见、看清商品。商品陈列是为了使商品的存在、款式、规格、价钱等在顾客眼里"显而易见"。使商品显而易见需做好如图1-13所示的几点要求。

1. 为了让顾客注意到商品,要选择一个顾客能一眼看到的位置,陈列的商品要正面朝外

2. 所有商品都应面向顾客,不能用一种商品挡住另外一种商品,即便用热销商品挡住冷门商品也不行

3. 陈列在货架下层的商品不易被顾客看见,卖场在陈列商品时,要把货架下层的商品倾斜陈列,这样一来方便顾客看到,二来方便顾客拿取

4. 货架高度及商品陈列都不应高于1.7米;同时货架与货架之间保持适当距离,以增加商品的可视度

5. 商品陈列中,色彩的和谐搭配能使商品焕发异样的光彩,使商品更醒目,吸引顾客购买

6. 商品陈列时要讲求层次问题,应把适合本店消费定位和消费特点的主要商品陈列在卖场的主要位置

图1-13 商品显而易见的陈列要求

相关链接

能够让顾客"显而易见"的陈列位置

1. 卖场进门正对面

通常顾客在进入卖场时会在无意识情况下立即开始扫视卖场内的商品,所以,卖场进门正对面是顾客最容易看见的位置。通常卖场会在进门的地方大量陈列促销商品。

2. 柜台后面与视线等高的货架位置

柜台后面与视线等高的位置是顾客最容易关注到的位置。通常顾客在选购商品时,第一时间扫视的就是柜台后面与视线等高的位置。所以,理货员一定要把利润高、受顾客欢迎、销路好的商品陈列在此位置。

3. 与视线等高的货架

卖场通常使用货架陈列商品,这样能增加陈列面积。货架上与人视线等

高的位置最容易被顾客看见,所以也成为货架上的黄金陈列位置。一般在货架的黄金陈列位置(距地面85～120厘米之间)陈列销路好、顾客喜欢购买、利润高的商品。

4. 货架两端的上面

因为顾客在货架的一头很容易看见货架的另外一头,所以货架两端的上面也是容易被顾客看见的位置。

5. 墙壁货架的转角处

墙壁货架的转角处因为同时有更多商品进入顾客眼里,所以也是顾客容易关注的位置。

6. 磅秤、收银机旁

顾客在排队等候称量、交款的时候会有闲暇时间四处张望,所以在磅秤、收银机旁的商品容易被顾客关注和发现。

7. 顾客出入集中处

顾客出入集中说明顾客流量大,人多必然被关注的机会多,所以顾客集中的地方商品容易被顾客看到。

1.6.3 拿取方便

商品陈列不仅要使顾客方便"拿",还要使顾客方便"放"。卖场在陈列商品时,要使顾客拿放方便则要做好如下几点。

(1)货架高度不能太高,最好不要超过170厘米。如果货架太高,顾客拿的时候很吃力,还要冒着摔坏商品的危险,最终肯定会选择放弃。见图1-14。

(2)通常,商品之间的距离一般以2～3厘米为宜;商品与上段货架隔板距离保持可放入一个手指的距离为最佳,这样方便顾客拿取和放回。见图1-15。

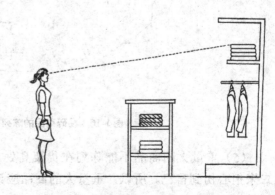

图1-14 货架高度及商品陈列高度

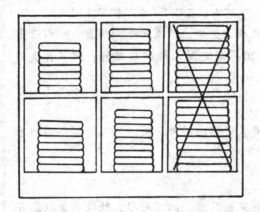
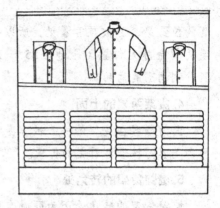

图1-15 商品之间留下空隙

（3）货架层内有足够的间隔，最好是保持层内能够有容得下一只手轻易进出的空隙。太宽，会令顾客产生商品不够丰富的错觉。

（4）易碎商品的陈列高度不能超过顾客胸部，具体如图1-16所示。

比如，瓷器、玻璃制品、玻璃瓶装商品的陈列高度应该以一般人身高的胸部以下为限度。陈列太高的话，顾客担心摔碎后要他赔偿，所以不放心去拿取观看，这样就阻碍了商品的销售。

图1-16 易碎商品的陈列高度说明图

（5）重量大的商品不能陈列在货架高处，顾客一来担心拿不动摔坏商品，二来担心伤到自己。所以，重量大的商品应该陈列在货架的较低处，如图1-17所示。

图1-17 重量大的商品陈列在货架底部

（6）鱼、肉等生、熟食制品要为顾客准备夹子、一次性手套等，以便让顾客放心挑选满意的商品，这样可在更大程度上促进销售，如图1-18所示。

图1-18 肉制品陈列提供夹子

1.6.4 货卖堆山

在大型卖场，顾客看到的永远是满满一货架的商品，打折的特价商品更是在一个独立的空间堆放如山，因为大量摆放、品种繁多的商品更能吸引顾客的注意，如图1-19所示。陈列时要想货卖堆山，必须做到如下几点。

图1-19 堆积的鸡蛋

（1）单品大量陈列给顾客视觉上造成商品丰富的形象，能激发顾客购买的欲望。

（2）商品要做到随时补货，也就是顾客拿取之后要及时补上；如果不能及时补上，要把后面的商品往前移动，形成满架的状态。

（3）单品销完无库存时，首先要及时汇报上级有关部门，以及时向供应商要货。同时，挂上"暂时缺货"的标牌提醒顾客。

1.6.5 先进先出

货品在以先进先出为原则进行陈列时，应按照图1-20所示的两点要求操作。

图1-20 商品先进先出的陈列要求

1.6.6 左右相关

左右相关也叫关联陈列，就是把同类产品陈列在一起，但又不仅仅是如此简单。一般整个卖场会分成几个大的区域，相关商品会集中在同一区域进行销售以方便顾客寻找和选择，具体操作时有些细节值得注意。

(1) 按照消费者的思考习惯来陈列。

比如，婴儿用的纸尿裤，是和婴儿用品陈列在一起还是和卫生纸、卫生巾陈列在一起？在卖场的分类里，它可以归到卫生纸一类的卫生用品里，但是在顾客的眼里，它应该属于婴儿专用的商品，应该出现在婴儿专区。

(2) 按商品的使用目的、用途、卖给谁等关联关系进行陈列，使商品组合起到互补和延伸的作用，如图1-21所示。

图1-21　红酒与酒杯的关联陈列

有时为了配合节日会设立一个主题区，比如情人节，会把巧克力、玫瑰陈列在一起。这样顾客在购买其中一种商品时会看到另外的相关的商品，由此引发新的购买冲动，促进销售。

1.6.7　整齐清洁

做好货架的清理、清扫工作，这是商品陈列的基本要求，卖场里要随时保持货架的干净整齐。

陈列的商品要清洁、干净，没有破损、污物、灰尘。尤其是生鲜食品，对其内在质量及外部包装要求更加严格。不合格的商品要及时从货架上撤下。

> **小提示**
>
> 在有些特殊时期，要特别做好清洁工作，比如"流感"时期，做好消毒和清洁工作，使顾客有一个健康和安心的购物环境。

1.7 商品陈列的规划

对商场（超市）来说，最重要的营销手段莫过于好的陈列技巧，做好了这点，往往能获得更多顾客的青睐。如果商品陈列没有经过规划，很可能导致消费者想要的商品找不到，而消费者不想要的又一大堆。这样不仅占了陈列架，更导致库存的积压物资不能被充分利用。

那么，如何做好商品的陈列规划呢？以下几点可供参考。

1.7.1 陈列面积分配

根据卖场规模确定的方法，可计算出商场（超市）能满足顾客需求的最有效与最经济的面积，但这些面积要如何分配到各商品呢？以下有两种方法。

（1）根据国民消费支出比例，参照现有卖场的平均比例进行划分。

假设不论什么商品，每一平方米所能陈列的商品数都相同，那么为满足顾客的需求，卖场各种商品的陈列面积分配比例应与国民消费支出的比例相同。

但目前卖场的商品结构比例与国民消费支出的结构比例有很大的差异，更何况各种商品因陈列方法的不同，所需的面积也有很大的差异。但商场（超市）仍需以此数据为基准，在进行最简单的分配后，再做调整。现有商场（超市）各商品部门面积分配的平均比例如表1-1所示。

表1-1 商品部门面积分配表

部门	消费支出结构比例/%	面积分配结构比例/%
果蔬	24	12～15
水产	11	6～9
畜产	19	12～16
日配	9	17～22
一般食品	7	15～20
糖果饼干	7	8～12
干货	10	10～15
特许品	6	3～5
其他	7	4～6

（2）参考竞争对手的配置，发挥自己特色来分配面积。

商场（超市）在进行卖场商品的配置前，可以先找一家竞争对手或是某家经营很好的卖场，了解对方的卖场商品配置。

比如，某卖场是竞争店，经调查发现它有100米的冷藏冷冻展示柜，其中果蔬20米、水产10米、畜产1.5米、日配品50米。接着就要考虑自己的卖场情况：如果卖场比竞争店大，当然就可以扩充上述设备，陈列更多的商品来吸引顾客；如果自己所在卖场面积较小，则应先考虑可否缩小其他干货的比例，以增加生鲜食品的陈列面积。

在大型商场（超市）经营中，生鲜食品能否经营成功往往也就决定了整个卖场的成败。如果与竞争店的面积一样，则可分析对方的配置是否理想；如果自己有直接的批发商，则可以在果蔬方面发挥特色，增加果蔬的配置面积，而对其他商品的陈列面积进行适度缩小或要求得更高一点。对于其他干货类的商品，如一般食品、糖果、饼干等，也都可用此方法分析。

各商品大类（部门）的面积分配做好后，应再依中分类的商品结构比例，进行中分类商品的分配，最后再细分至各单品，这样就完成了陈列面积的分配工作。

1.7.2 商品配置

有了陈列面积的分配后，商场（超市）在具体的商品配置上应依据顾客的购物路线，也就是购买商品的顺序进行商品配置。顾客到卖场购物的顺序一般如图1-22所示。

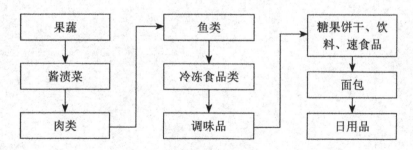

图1-22　顾客到卖场购物的顺序

依据顾客的购物习惯，商场（超市）便可决定商品的配置。目前我国许多商场（超市）的商品配置如图1-23所示。

（1）新鲜的果蔬是顾客每日必购的物品，摆在进口处较容易吸引顾客；而果蔬的颜色鲜艳，可以加深顾客的印象，较能表现季节感；同时，果蔬的大量陈列，可以给顾客丰富的感觉。所以绝大多数大型卖场都将果蔬类摆在进口处，其销售额都较高。

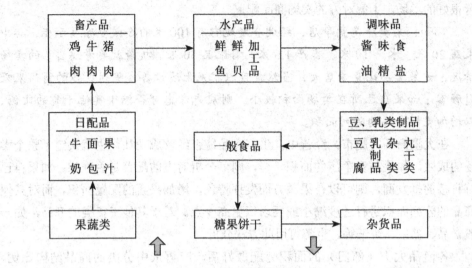

图1-23 卖场商品配置图

（2）日配品中，牛奶与果汁由于购买频率高，销售单价又不高，并且已成为现代人们生活的必需品，所以许多商场（超市）逐渐将它们放在主通道上。

第 2 章
商品结构优化

导言

实践证明,商场(超市)的商品构成中,如果20%的商品创造了80%的销售额,才表明商品构成基本正常。作为商场(超市)的经营者与管理者要明确,商场(超市)竞争的核心还是在于商品构成策略。

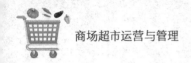

2.1 商品结构的设计

商品结构是指符合市场定位及商圈顾客需要的"商品组合"。优化商品结构的主要内容体现在各类商品之间的经营比重是否合理（按大、中、小类），单类商品中系列化程度是否足够，同品牌商品单品组合比重是否合理等。

2.1.1 商品销售的法则

"80%的销售额来自20%的商品，80%的利润来自20%的商品。"这是零售业的一条经典法则。

（1）20%的商品。"二八法则"告诉我们，80%的销售额和利润来自20%的商品，因而确定商品结构很重要的是首先确定那20%的商品，也就是所谓的主力商品或A类商品。这类商品的特征是符合大多数消费者的需求，被购买的数量大、频率高，而且价格敏感，可能多0.1元和少0.1元的销售情况完全不一样，其商品生命周期介于成长期和成熟期之间，比如鸡蛋和食用油。

（2）80%的商品。对一个商场（超市）来说，如果只经营20%的主力商品是不可能的，俗话说"红花还需绿叶扶"，主力商品的作用是在80%的其他商品的衬托对比下才显示出来的。而且相对来说，主力商品之外的商品毛利较高，其中有一些是属于便民商品和连带商品。

比如，生姜的销售量不大，但如果顾客在超市里买鱼，就会顺带着买姜，如果因为生姜销售量不大，而取消它的销售的话，顾客可能连鱼都不在这买了。

2.1.2 商品分类的原则

商品分类是依据商品的用途来进行的，分类的思路是依据"大类→中类→小类→单品"这样的顺序来进行的。

比如，××超市共有13个商品大类：它们依次是蔬果、鱼肉、熟食、酒饮、冲调食品、粮油、休闲食品、日化、文体、家居、家纺、服饰、家电，如图2-1所示。

在每个商品大类下为商品中类，在每个商品中类下为商品小类，在每个商品小类下为单品。这种分类的原则主要是为了提高对单品的管理，加强管理的精确化、专业化。但在实际情况中，要根据商场（超市）的定位、经营战略和经营面积进行适当调整。

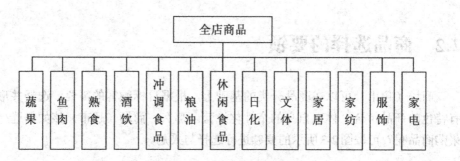

图2-1 ××超市商品分类图

比如,一家食品加强型的超市,根据资金的状况,不打算经营家电和服饰,那么全店就没有家电和服饰这两个商品大类。

2.1.3 商品优选的原则

在商场(超市)的经营中,实际上大部分的销售额只来自一小部分的商品,这种比例大致在80%和20%之间,基于这个"二八法则"的确立,商场(超市)必须坚持商品优选的原则,具体如图2-2所示。

不断发掘创造大比例销售额的小比例商品
精心选择能产生较高利润并吸引顾客的主力商品
从相对无限的商品中优选出有限的商品
对优选出的商品要加以正确组合和合理配置
结合本商场(超市)的实际确定商品的最佳结构比
动态地理解和应用在实践中总结出来的结构和规律

图2-2 商品优选的原则

> **小提示**
>
> 不宜选择的商品:不能即付即搬的商品(家电类商品除外);体积过大或过小的商品(家电类商品除外);每次订货数量要求很大且付款条件苛刻的商品;包装不宜的商品(易折、易烂、易碎、易变质且不接受退货的商品);单价过低的商品。

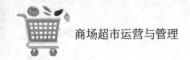

2.2 商品选择的要领

商场（超市）可以在商品分类的基础上，根据目标顾客的需要，选择并形成有特色的商品组合，体现自身的个性化经营。那么，商场（超市）该如何选择并采购商品呢？可按图2-3所示的要领进行选择与采购。

图2-3 商品选择的要领

2.2.1 商品质量合适

合适就是能够满足双方约定的规格和要求，且被大部分消费者所认可。只要满足相关国家规定和双方约定的质量就是好的质量，但商品质量合适不包括假冒商品。

商场（超市）也可根据所处地段的消费群体的消费水平，来确定采购商品的档次与品质。

2.2.2 商品数量合适

商品数量合适说的是两个方面的意思，一个是品项数量，一个是订货数量。

商场（超市）的采购部门根据营运部门提供的卖场平面布局图，先确定门店经营的总品项数，再将品项分配到各采购人员所在的采购组里面。

在平面布局图上，有卖场区域的分配，有最终确定使用的商用设备，有各个商品大类的准确位置和经营面积。采购经理应根据以上信息和各个商品大类的不同特点，和营运部门密切协商，具体确定各个商品大类的采购品项数。

比如，休闲食品大类，商品的包装绝大部分较小，因而同一个货架要陈列的品项数量和每个品项的陈列量相对的就要比卷纸多得多。

2.2.3 商品价格合适

对于商场（超市）来说，商品的价格水平必然和这个商场（超市）的总体经营战略和市场定位相匹配。所以商场（超市）采购部门要在前期做一定的调研和分析后，制定出整个超市的商品价格政策。

（1）价格档次的划分与价位组合。商场（超市）可将该商品小类按零售价格分为三个档次——低价位、中价位、高价位。

对于商场（超市）来说，零售价格的总体水平应低于百货大楼，稍高于或稍低于批发市场的批发价格，以中价位的商品为主；同时根据商圈中目标顾客的构成、购买力、购买习惯等因素，以及分配给该商品小类的品项数量，来确定高价位和低价位商品的品项数量。

比如，某超市位于一个高档住宅小区附近，该小区的住户大部分为私营业主、高级白领，平均年龄在35～45岁之间，购买力较强，购买习惯为购买次数少，每次购买的金额高，对于商品的品质和包装较注重，对于价格不太重视。那么对某一小分类可做如下分配，低价位10%、中价位66%、高价位24%。

（2）选择符合价格政策的商品。在对商品价位组合确定了一定比例后，接下来就是在供应商提供的商品里，选择出符合价格政策，同时又能保证一定毛利的商品。这也就是开始和供应商议价。

2.2.4　商品包装合适

商品包装合适有两方面的意思，一是本身包装合适，二是销售包装。

（1）商品本身的包装。商品本身的包装是否能保证里面产品的安全，是否容易保管，时间长了会不会变色、破损等，这些是商场（超市）选择商品时所要考虑的。

比如，有的袋装醋，销量很好，但包装太薄容易破损，进而增加了工作人员的工作量（清洁、退货等），比较利弊，弊大于利，如果厂家不能对包装进行改进的话，卖场宁可不卖。

（2）商品的销售包装。商品的销售包装合适，顾名思义，就是商品的包装是否适合销售。包装太小的商品容易被偷，管理上要投入的精力大。包装太大（家电、健身器材、文件柜、保险柜等特殊商品除外），由于商场（超市）提供的是自助式服务，顾客不好拿也许就不买了，同时也浪费了大量的货架资源。商场（超市）在选择商品时就要先想到这些问题，包装太小就选择量贩包装，包装太大就拆包装进行售卖或不选择此商品。

2.2.5　同品质商品组合合适

有很多商品都有很多自己的规格，那么如何从它们的不同规格里进行挑选，进而组合起来呢？商场（超市）在对待这些商品时，首先要选择这个商品系列销售得最好的规格，同时在剩下的规格里，根据商场（超市）的类型、定位、目标顾客的喜好进行挑选。

比如，××洗衣粉，有180克、350克、650克、800克、1200克、1300克、2000克、3000克8种规格，在全国销售得最好的是650克，同时2000克和3000克也有一定的固定顾客，那么首先要采购这三个规格。在剩下的5种规格里，如果是一家社区型的超市，那么建议选择350克，因为它可能会吸引一些单身人士；再选择800克和1200克，因为650克的货源经常很紧张，如果断货这两个规格可以作为替代品。

不同的商品对于其规格有不同选择方式，但是切记一条：除非每个规格都销售得很好，或是商品结构需要（比如，可乐类目前大部分地方只有可口可乐、百事可乐这两种可乐，如果卖场的可乐货架是大型货架，为了保证陈列，只能全规格选择）或是短期内供应商出了高额的陈列费，否则任何商品都不能全规格引进。

2.2.6 送货方式合适

采购的商品如果供应商不送货，或是送货但要商场（超市）承担运费，或是起送的金额或数量很大等，就会给商场（超市）增加很多工作，同时也增加了进货的成本。因此，在送货这个环节上不得马虎。

2.3 商品结构的调整

调整优化卖场的商品结构，就像整理计算机的注册表，修改正确，会提高系统的运行速度，若出现不正确的删改，可能会导致计算机的系统瘫痪。

2.3.1 商品结构调整的好处

对商场（超市）来说，商品结构的调整优化有图2-4所示的好处。

2.3.2 商品结构调整的前提

优化商品结构的前提，是在完全有效利用了卖场空间的管理后采取的方法。有的商场（超市）经营者有时会走进这样一个误区：觉得80%的辅助商品和附属商品的占有面积过大，于是删去了很多，以为可以不影响门店的整体销售，同时

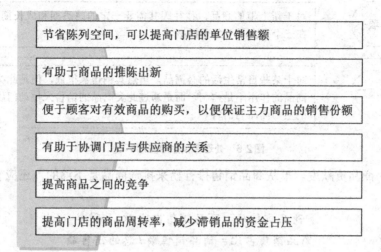

图2-4 商品结构优化的好处

会提高单位面积的产出比和主力商品的销售份额。结果导致门店的货架陈列不丰满，品种单一，门店的整体销售下滑了很多。所以，对于商品的结构调整应是在门店商品品种极大丰富的前提下进行筛选。

2.3.3 商品结构调整的依据

调整商品结构应以图2-5所示的指标作为依据。

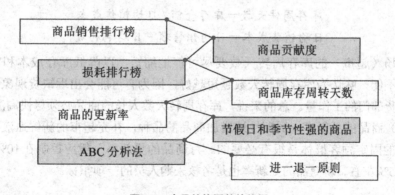

图2-5 商品结构调整的依据

（1）商品销售排行榜。商场（超市）要按商品大类整理出门店每天、每周、每月的商品销售排行榜，从中可以看出每一种商品的销售情况，对于滞销商品要调查其滞销的原因，如果无法改变其滞销情况，就应予以撤柜处理。在处理这种情况时应注意图2-6所示的内容。

事项一：对于新上柜的商品，往往因其需要一定的熟悉期和成长期，在三个月内不要急于撤柜

事项二：对于某些日常生活的必需品，虽然其销售额很低，但是此类商品的作用不是盈利，而是通过此类商品的销售来拉动门店的主力商品的销售

图2-6　处理滞销品的注意事项

（2）商品贡献度。单从商品销售排行榜来挑选商品是不够的，还应看商品的贡献度。

$$商品贡献度 = 商品销售占比 \times 毛利率$$
$$商品销售占比 = 商品销售额 / 总的销售额$$

商品的贡献度是商品结构调整的一个重要依据，它是从该商品的销售额和毛利率这两个指标出发，综合衡量一个商品对整个卖场的贡献度。

（3）损耗排行榜。损耗直接影响商品的总体毛利。特别是生鲜营运部门要做好损耗的登记，作为商品结构调整的依据。

比如，有些商品的毛利虽然较高，但是由于其风险大、损耗多，可能会赚的不够赔的。

（4）商品库存周转天数。库存周转天数，也就是库存的商品要用多长的时间才能销售完，其计算公式为：

$$库存周转天数 = 库存金额 / 日均销售成本$$
$$日均销售成本 = 日均销售额 - 日均毛利额$$

商场（超市）的库存周转天数要尽可能地缩短，以降低库存成本和管理费用，但不能一味认为库存周转天数越短越好，因为有可能会出现缺货现象，同时增加收货部门的工作量。总的来说，库存周转天数太长的商品必须尽快淘汰。

（5）商品的更新率。周期性地增加商品的品种，补充超市的新鲜血液，以稳定自己的固定顾客群体是很有必要的。月商品的更新率一般应控制在10%以下，最好在5%左右。新商品的更新率也是考核采购人员的一项指标。

> **小提示**
>
> 需要引进的新商品应符合商场（超市）的总体商品定位，不应超出其固有的价格带。对于价格高而无销量的商品、价格低无利润的商品应适当地予以淘汰。

（6）节假日和季节性强的商品。商场（超市）采购人员要密切注意节假日和季节性强的商品，并做相应的商品结构调整。

比如，正月十五日前，就应对汤圆和饺子的品项数量和相互比例进行调整，此时应该增加汤圆的品项数，减少饺子的品项数。而在正月十六，就应重新调整，增加饺子的品项数，减少汤圆的品项数，因为平时饺子的销量要远远超过汤圆。

（7）ABC分析法。ABC分析法也就是在商品结构设计原则中说的"二八法则"在实际中的运用，具体如图2-7所示。

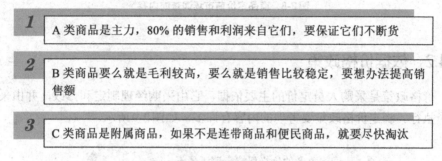

图2-7　ABC分析法

（8）进一退一原则。在商品结构比较完备，商品品项大大丰富后，为了保证货架资源能被很好地利用，商场（超市）还必须严格贯彻进一退一原则，即进一个新品，必须以退掉一个旧品为前提，保持一个比较稳定的商品结构和总的品项数。

2.4　商品价格的制定

在零售市场营销组合的四大要素中（商品、价格、服务、促销），价格是唯一能直接给企业带来利润的要素。商场（超市）和其他零售业态相比，其特征是物美价廉，定价原则是薄利多销。所以，采购人员要重视商品定价工作。

2.4.1　前期的市场调查

在定价之前做一定的市场调查是必不可少的。市场调查的对象有：卖场自身（商品结构是否健全、陈列是否美观等）、顾客（价格的吸引力、价格的战斗力等）、竞争对手、供应商等。由于现阶段竞争比较激烈，而且大部分顾客都把商品价格作为选择商家和商品的一个重要依据，因而为定价所做的市场调查的主要对象是竞争店，特别是同一商圈内的直接竞争对手，对他们所做的调查的内容主要如图2-8所示。

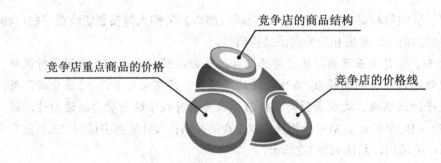

图2-8 商品定价前市场调查的内容

2.4.2 依据价格政策

价格政策是采购人员定价的主要依据,它由采购经理制定和修改,并由采购人员执行。制定价格政策要考虑的内容有许多,如图2-9所示。

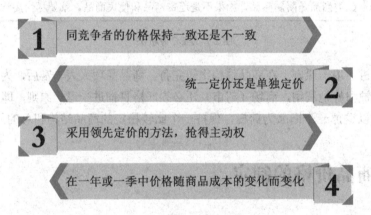

图2-9 制定价格政策应考虑的内容

2.4.3 价格评估与调整

价格调整一方面是降价,另一方面是提价,以保持一个合理的毛利水平。

商场(超市)应该高度重视收集卖场销售的情况,将敏感商品和非敏感商品,主力商品、辅助商品、附属商品等不同的商品群准确地区分开来,注意收集相关的市场信息,注意收集顾客的情况;再经过分析比较,最后做出相应的调整。商场(超市)要不断地按"收集资料→评估→调整"这样的流程去提高定价的合理性和科学性,这样才有可能制定出一个既能促进销售又能有合理盈利的商品价格。

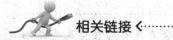
相关链接

商场（超市）的定价策略

1. 巧用尾数

通过巧用尾数，像6、7、8、9，来模糊顾客的价格意识，使其认为廉价。比如6.9元和7元，虽然只是相差0.1元，但给顾客的感觉就是两种价格档次。

2. 平衡毛利

将某种商品毛利定得很低，甚至亏本，但同时也对其他商品相应提高部分毛利，以保持毛利的总体平衡。对于主力商品或是敏感商品价格要尽可能低一些，但其他商品根据其不同的需求情况，毛利水平就要相对高一些。

3. 捷足先登

对于季节性的商品要快人一步，从应季前到过季前，毛利水平由高到低。季节还未开始，毛利相对要高一些，抢在别人前面；季节开始后，市场竞争较激烈，这时要把毛利水平降下来，以吸引顾客。

4. 短期特惠

利用顾客趋利心理，人为地在短时间内以特价优惠顾客。

比如，好又多超市上海上南店，曾贴出告示："定于××月××日下午1时45分至2时，作15分钟最低价优惠大酬宾，敬请光临。"事后的统计数字表明，15分钟销售额是平时一天的2倍，取得了微利多销的效果。

5. 楼梯定价

美国一名叫爱德华·华宁的商人，在波士顿市中心开了一家超市，大力宣传采用"楼梯价格"销售商品的信息，具体商品只标出价格、上架时间和售卖截止时间。其做法是：前12天按全价销售，从第13天到第24天降价25%；第25天到第30天降价75%；第31天到第36天，如仍未售出，则送慈善机构。爱德华之所以敢采用此法，原因是他掌握了消费者的心理："我今天不买，明天就会被他人买走，还是先下手为强。"事实上，许多商品往往未经降价就被顾客买走了。

6. 错觉折价

日本三越百货公司针对顾客"便宜没好货"的心理，实行"100元买110元商品"的错觉折价术。表面上看，这和打九折似乎都是10%左右的差价，但消费者对两者的反应却有显著差别。"九折法"给消费者的直觉反应是削价促销,质量可能有问题;"100元买110元商品"则易使顾客产生货币价值提高的心理,达到刺激购买欲望的目的。

7. 整数定价

对于价值较高的商品,如家电、文具柜、高档茶叶、保健品等,可对售价略作变动,凑成一个整数,使顾客对此类商品形成高质高价印象,吸引高收入阶层的购买。

8. 有意制定差价

法国一家专营玩具的商店购进了两种"小鹿",造型和价格都一样,只是颜色不同,上柜后很少有人问津。店老板想出个主意制造差价,他把其中一种小鹿的售价由3欧元提高到5欧元,另一种标价不变。把这两种价差鲜明的玩具置于同一柜台上,结果提了价的小鹿很快销售一空。

9. 分档定价

分档定价是把商品按不同档次、等级分别定价。这是因为同类产品有许多规格和型号,它们之间的成本也不尽相同,若机械地按成本加成定价,那么所定的价格种类就会过多,这样不利于买卖双方的交易。于是一些零售商把许多规格的产品分成若干档,每档产品定一个价格,这样买卖双方都可以减少许多麻烦,又不至于影响企业效益。

10. 声望定价

有些商品由于企业多年的苦心经营,在顾客中有了一定声誉,顾客对它们也产生了信任感,所以即使价格定得比一般商品高一些,顾客还是能够接受的。这种定价策略特别适合于药品、饮食、化妆品及医疗等质量不易鉴别的行业产品。

比如,宝洁公司生产的系列产品,尽管比同类产品价格要高一些,但仍备受众多消费者的青睐。

11. 量贩包装订价

在一些商场(超市)里,对于顾客购买频率大且每次购买的单位数量多的商品,可以进行量贩包装销售。对于量贩包装商品的价格,要略低于购买相同数量正常单瓶或单盒该商品的价格。

比如,可口可乐355毫升每罐卖1.8元,可口可乐355毫升六罐组每组卖10.2元,折合到每罐为1.7元。量贩包装就比单罐卖时要便宜,这样就刺激了销售。

2.5 新商品的引进

商品的生命力是决定卖场和供应商经营状况及利润的核心指标，鲜活的商品如同流动的血液维持生意的正常运行。

2.5.1 新商品的概念

市场营销学的观念认为，产品是一个整体概念，包括三个层次，具体如图2-10所示。

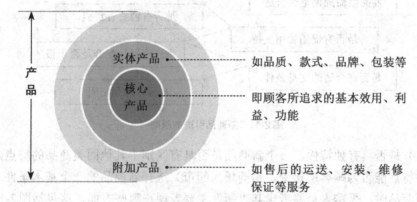

图2-10　产品的三个层次

只要是产品整体概念中任何一个层次的创新、变革与调整，都可称之为新商品。不仅新发明创造的产品是新商品，而且改进型产品、新品牌产品、新包装产品都可称之为新商品。当然，新商品的核心就是整体产品概念中的核心产品，即能给消费者带来新的效用、利益、功能的那部分，它也是商场（超市）采购人员在引进新商品时必须优先考虑的因素。

2.5.2 新商品引进的作用

新商品的引进是商场（超市）经营活力的重要体现，是保持和强化商场（超市）经营特色的重要手段，是商场（超市）创造和引导消费需求的重要保证，是商场（超市）商品结构优化和寻找新的经营增长点的重要方法，也是商场（超市）商品采购管理的重要内容。

2.5.3 新商品引进的原则

由于经济和生产力的飞速发展，消费者个性化消费倾向的逐渐加强，商品生命周期演变过程越来越短，造成可供挑选的新商品越来越多。如何在商品的海洋里找到真正适合本商场（超市）经营的新商品，已经成为商场（超市）的一个重要课题。对此，商场（超市）的采购人员可以参考图2-11所示的原则来对新商品进行挑选。

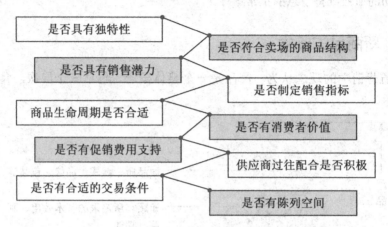

图2-11　新商品引进的原则

（1）是否具有独特性。一个新商品是否具有区别于其他同类商品的特点，并且这种特点能否为顾客所接受，是商场（超市）选择新商品的一个基本条件。在选择新商品时，采购人员要考虑其"新"主要表现在哪些方面，这包括图2-12所示的内容。

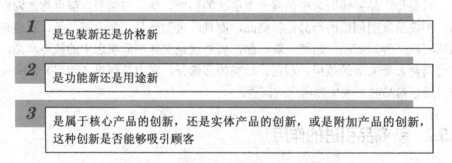

图2-12　选择新商品时应考虑其独特性的因素

如果新商品不具备独特性，即使交易的条件再好也不能引进。

（2）是否符合卖场的商品结构。新商品是否符合商场（超市）的商品结构，也是采购人员选择新商品的一个基本条件。

比如，某超市一直以诚信作为经营的根本，但新商品没有卫生合格证书，商品质量无法保证，如果引进出现质量问题，就会破坏本超市在顾客心目中的形象，因而也是坚决不能引进的。

又如，某商场原经营的服饰多为200元以内的休闲服，如果现在要引进几千元一套的"阿玛尼"西装，就不符合本商场商品结构特点，这样的引进必然会失败。

（3）是否具有销售潜力。新商品是否具有销售潜力，也是采购人员选择新商品的一个基本条件。采购人员要重点考虑图2-13所示的事项。

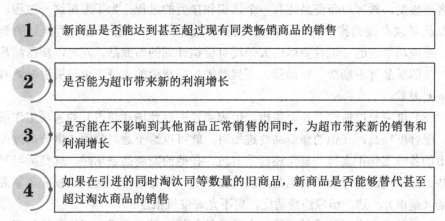

图2-13　选择新商品时应考虑其销售潜力的因素

（4）是否制定销售指标。新商品的引进，不是引进卖场以后就没事了。采购人员在和供应商谈判新品时，要为新商品制定一个试销期内的销售指标。通常新商品的试销期为三个月，如果在试销期内达不到销售指标，新商品就必须退场，同时相关的费用也不退回给供应商。没有销售指标的新商品不能进场，采购经理要把好这个关。

（5）商品生命周期是否合适。任何商品都有一个"引进期→成长期→成熟期→饱和期→衰退期"这样的商品生命周期。采购人员在引进新商品前，要做详细的市场调查，以免引进一些已处于饱和期后期甚至是衰退期的新商品，调查的内容如图2-14所示。

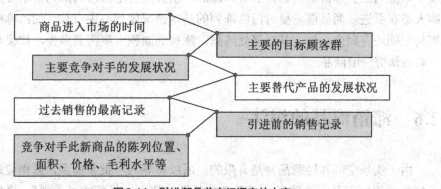

图2-14　引进新品前市场调查的内容

（6）是否有消费者价值。从消费者价值的角度去看待新商品，看它是否能够为消费者带来高的使用价值和附加价值，是否能够改进顾客某一方面的生活质量，是否能够为顾客所接受。一句话：新商品是否能让顾客感到物有所值。采购人员在引进新商品时，要站在顾客的角度来做选择。

（7）是否有促销费用支持。大多数的新商品在刚进入卖场时，都不会马上为顾客所接受，顾客对新商品还有一个认识和接受的过程，为了缩短这一过程，新商品就必须有促销推广的计划。因此同等条件下，一个有周密促销计划的新商品，被成功引进的可能性要远远大于没有促销计划的新商品。同时，新商品是否有一定的新品牌进场费、新品费、上架费等相关费用的支持，也是引进时要考虑的重要因素。

（8）供应商过往配合是否积极。供应商过去对商场（超市）的各项工作很支持，配合度很高，在他的新商品要进场时，就可以给予适当照顾；供应商过去对超市的各项工作不支持，甚至还经常对抗，在他的新商品进场时，就要适当严格一些。对新商品引进的控制也是控制供应商的一个方面，而且主动权应该掌握在商场（超市）一边，但应注意适度，更不允许借机报复。

（9）是否有合适的交易条件。交易条件包括：付款方式、退换货的处理、送货配合等。商场（超市）要判断这些交易条件是否对自身有利；如果不利，供应商会做出哪些让步。

> **小提示**
>
> 在商场（超市）开业后，特别是在品项较丰富的前提下，采购经理要对新商品的交易条件严格把关。

（10）是否有陈列空间。商场（超市）的经营场地和货架资源是有限的，如果不顾陈列的实际情况，盲目引进新商品，就会给营运部门的陈列带来难度。采购人员在引进新商品前，要对门店陈列的基本情况做到心中有数，如：哪些品类陈列空间还有剩余，新商品在何处陈列，陈列的面积大概需要多少，如果陈列不下将淘汰哪些旧商品。

2.6　滞销商品的淘汰

由于卖场空间和经营品种是有限的，所以每导入一批新商品，就相应地要淘汰掉一批滞销商品。滞销商品可看作是商场（超市）经营的"毒瘤"，直接侵蚀商场（超市）的经营效益，造成资金的积压和陈列资源的浪费。因此选择和淘汰滞销商品，成为采购人员的一项重要工作。

2.6.1 滞销商品的特征

滞销商品通常具有表2-1所示的特征。

表2-1 滞销商品的特征

序号	特征	说明
1	销量低	滞销商品的平均销售量较低，库存周转率和同类商品相比也较慢，有的滞销商品只在促销期内才有销售
2	利润贡献度较低	滞销商品的平均利润贡献度较低，和同类商品比较利润排名也较低。此处所指利润是指已通过销售实现的利润
3	损耗和质量	滞销商品的库存周转天数较长，由此造成的损耗很大。由于库存时间长，质量也容易出现不稳定的情况，经常发生变质的现象
4	其他	有两种类型的商品，虽然其销售得不算差，但也可以把它们归到滞销商品的范围里。一种是货源供应不稳定的商品，一种是缺货率过高的商品。不管是前者还是后者，都造成了卖场的销售和陈列损失，长此以往还会影响到卖场的信誉，造成客流的减少

2.6.2 滞销商品的辨识

采购人员可以按照图2-15所示的方法来辨识卖场的滞销商品。

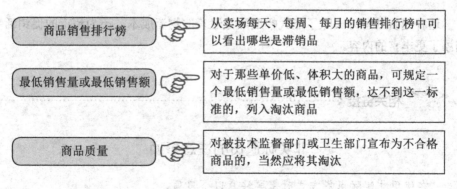

图2-15 滞销商品的辨识

2.6.3 滞销商品的处理

对卖场的滞销商品，采购人员要及时处理。处理方式有以下两种。

（1）实际退货方式。实际退货方式，即把要淘汰的商品实际退回给供应商。退货处理方式主要有图2-16所示的两种。

总部集中退货方式	门店分散退货方式
总部集中退货方式即将各门店所有库存的淘汰商品，在规定的日期前集中于配送中心，连同配送中心库存的淘汰商品，在退货期内一并退送给供应商	门店分散退货方式即各门店和配送中心各自将自己的库存的淘汰商品，统计、撤架、集中后，在总部采购的统一安排下，由供应商直接到各门店和配送中心取回退货

图2-16 实际退货的处理方式

（2）非实际退货方式。为了降低退货过程中的无效物流成本，节约双方的物流费用，也可以采取非实际退货方式来处理淘汰商品。也就是在淘汰商品确定后，采购人员立即与供应商进行谈判，争取达成一份退货处理协议，按图2-17所示的两种方式处理退货。

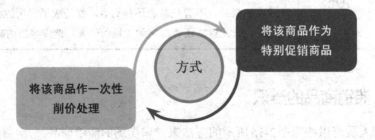

图2-17 非实际退货的处理方式

这种退货处理方式除了能大幅度降低退货的物流成本，还为超市的促销活动增添了更丰富的内容。

 相关链接

非实际退货的注意事项

在使用非实际退货方式时需要注意以下事项。

（1）选择非实际退货方式还是实际退货方式的标准，是削价处理或特别促销的损失是否小于实际退货的物流成本。

（2）采取非实际退货方式，在签订的退货处理协议中，要合理确定双方对价格损失的分摊比例。在协商一致后，采购人员要督促供应商以最快的速度来补回其应分摊的比例，否则可依合约对其进行罚款或通知财务推迟付款。

（3）对那些保质期是消费者选择购买重要因素的商品，卖场与供货商之间也可采取非实际退货处理方式（虽然此类商品不属于淘汰商品，如鲜奶），签订一份长期的退货处理协议。只要发现有即将到达保质期的该类商品，经双方对数量确认一致后，对剩余的库存商品做削价处理，或作为特别促销商品来处理。

第3章 采购与供应管理

📖 **导言** ▶▶▶

　　为了保证企业能采购到适销对路的商品，商场（超市）必须根据自身状况，来确定采购渠道、做好采购业务决策、进行采购洽谈、签订采购合同，加强对商品采购过程的管理，确保采购工作的圆满完成。

3.1 采购计划的制订

制订合理的采购计划既可以有效地规避风险、减少损失，又可为商场（超市）组织采购提供依据，同时也有利于资源的合理配置，以取得最佳的经济效益。

3.1.1 采购计划的关键点

在一定程度上说，商品计划就是要决定商品采购额的计划。

商品计划是在对各种内外部信息资料进行分析的基础上制订出来的，其中有两个重点，具体如图3-1所示。

图3-1 商品计划的重点

3.1.2 确定采购预算

采购预算一般以销售预算为基础予以制定。

比如，某商场（超市）某月的销售额达到200万元，假定商场（超市）的平均利润率为15%，那么该商场（超市）的月采购目标就是：

$$200 \times (1-15\%) = 170（万元）$$

按同样的道理，也可以推算出商品的年采购目标。当然，以上这个公式仅仅是销售成本计算公式，并没有估计到库存量的实际变化。采购预算还要加上或减去希望库存增加或削减的部分，其计算公式应为：

$$采购预算 = 销售成本预算 + 期末库存计划额 - 期初库存额$$

> **小提示**
>
> 采购预算在执行过程中,情况有时会出现变化,所以有必要进行适当的修订。商场(超市)实行减价或折价后,就需要增加销售额的部分;商场(超市)库存临时新增加促销商品,就需要从预算中减少新增商品的金额。

3.1.3 确定采购项目

采购什么样的商品项目,是在对收集到的有关市场信息进行分析研究后确定的。在此过程中,除了要考虑过去选择商品项目的经验、市场流行趋势、新产品情况和季节变化等外,还要重点考虑主力商品和辅助商品的安排。

3.1.4 确定采购数量

决定采购的商品数量,会影响到销售和库存,关系到销售成本和经营效益。如果采购商品过多,会造成商场(超市)商品的保管费用增多;资金长期被占用,也会影响资金的周转率和利用率。但如果商品采购太少,不能满足顾客的需要,会使商场(超市)出现商品脱销,失去销售的有利时机;而且,每次采购商品过少又要保证商品供应,势必增加采购次数,频繁的采购会增加采购支出。

为了避免出现商品脱销和商品积压两种经营失控的现象,有必要确定最恰当的采购数量。解决这一问题的办法,就是在确定商品总采购量后,选择恰当的采购次数,分次购入商品。

3.1.5 确定供应商

确定了采购商品的品种和数量后,还要确定从哪里采购,什么时间采购,以保证无缺货事故的发生。应当注意选择信誉好的制造商、供应商进货,这样可以使商品质量和供应时间都能得到保障。

3.1.6 确定进货时间

每种商品都有一定的采购季节。适时采购不仅容易购进商品,而且价格也较为便宜,过早购入会延长商品的储存时间,导致资金积压。所以应权衡利弊,选择合理的采购时间。

3.2 供应商的开发

商场（超市）要做好采购工作，最主要的问题是开发合适的供应商。一个合适的供应商能提供合适的品质、足够的数量、合适的价格、准时的交货时间以及良好的售后服务。

3.2.1 供应商的开发流程

供应商的开发流程如图3-2所示。

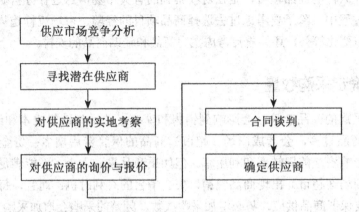

图3-2 供应商的开发流程

（1）供应市场竞争分析。在供应商开发的流程中，首先要对特定的分类市场进行竞争分析，要了解谁是市场的领导者，目前市场的发展趋势是怎样的，各大供应商在市场中的定位是怎样的，从而对潜在供应商有一个大概的了解。

比如，可将所需产品按 ABC 分类法找出重点商品、普通商品和一般商品，根据商品重要程度决定与供应商关系的紧密程度。

（2）寻找潜在供应商。在上述分析的基础上，可以建立初步的供应商数据库并做出相应的产品分类，如用品类、设备类等。

接下来就可以寻找潜在供应商，也就是对其进行调查。经过对市场的仔细分析，采购人员可以通过各种公开信息和公开的渠道得到供应商的联系方式。而这些渠道包括现有资料、供应商的主动问询和介绍、专业媒体广告、互联网搜索等，调查工作可以通过使用供应商调查表进行。

（3）对供应商的实地考察。通过供应商调查可以初步确定几家供应商，然后对其进行现场考察，考察要点如图3-3所示。

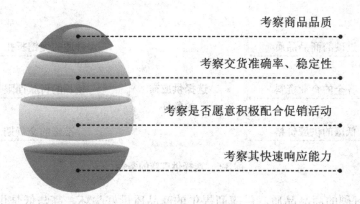

图3-3 对供应商的考察要点

（4）对供应商的询价与报价。对合格的供应商发出询价文件，一般包括图纸和规格、样品、数量、大致采购周期、要求交付日期等细节，并要求供应商在指定的日期内完成报价。

在收到报价后，要对其条款仔细分析，对其中的疑问要彻底澄清，并作相应记录，包括传真、电子邮件等。根据报价中大量的信息进行报价分析，比较不同供应商的报价，选择报价合适的供应商。

（5）合同谈判。对报价合适的供应商要进行合同签订前的谈判，谈判主要包括图3-4所示的内容。

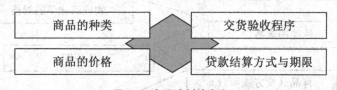

图3-4 合同谈判的内容

（6）确定供应商。经过以上各个步骤，商场（超市）就可以最终选定与其达成一致的供应商，并签订供货合同。合同签订后，供应商要按照合同要求准时、保质地供货，商场（超市）则要在约定的付款期限内付款。

3.2.2 供应商的选择条件

商场（超市）是一个庞大的销售网络，是众多供应商理想的销售渠道，但商场（超市）受卖场和经营品种的限制，必须对希望进入商场的众多的供应商进行选择。供应商良莠不齐，如果想有效地执行采购工作，选择合格的供应商是商场（超市）采购管理的首要任务。

一般来说，商场（超市）在选择供应商时应满足图3-5所示的条件。

图3-5 选择供应商的条件

（1）过硬的商品品质。供应商提供的商品质量好与坏、高与低是供应商选择的第一条件。供应商最好取得ISO的认证，并有质量合格证、商检合格证等。

在我国，商品执行标准有国家标准、行业标准、地方标准及企业标准，其中又分为强制性标准和推荐性标准。但通常在买卖的合同或订单上，供应商的商品质量是以图3-6所示的多种形式中的一种来表示，这也是选择供应商的重要标准之一。

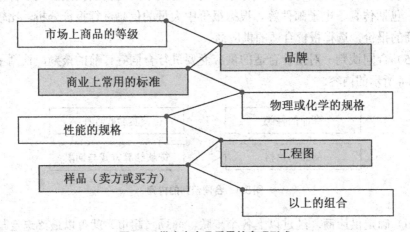

图3-6 供应商商品质量的表现形式

（2）齐全的企业资料。商场（超市）是遵纪守法、诚实经营的企业，同样也要求供应商遵纪守法。由于市场上的供应商相当多，并不是所有的供应商都能成为商场（超市）的供应商。对于初次与商场（超市）接触的供应商，务必要求其提供相关的资料，以便对其资信等各方面进行调查、评估。这些资料主要包括图3-7所示的内容。

除以上基本文件外，各地市场监督管理部门、质量技术监督部门、卫生检测检验管理部门可能还会针对各地自身的情况，对生产或经销商品的单位有一些特殊的规定及要求。

图3-7 供应商应提供的企业资料

比如,针对外地企业生产的食品类商品,进入本地销售,许多地方要求生产企业必须办理进入当地销售的许可证。此证通常在卫生防疫部门办理,但各地会有差异,且该证通常有期限限制,原则上一个许可证只对一种产品有效。

此外,供应商还应提供或填写供应商简介、供应商基本资料表、供应商商品报价单,及一套完整的产品目录(图片)或样品。

(3)低廉的供应价格。供应商低廉的供应价格是相对市场价格而言的。如果没有相同的市价可查,应参考类似商品的市价。

商场(超市)要想获得供应商低廉的价格,可通过单独与供应商进行采购或由数家供应商竞标的方式来取得,具体方法如图3-8所示。

图3-8 取得低廉价格的方法

> **小提示**
>
> 在使用竞标方式时,采购人员切勿认为能提供最低价格的供应商即为最好的供应商。

另外,商场(超市)在选择供应商时不能一味追求低廉的价格,必须综合评价一个供应商的送货、售后服务、促销支持、其他赞助等方方面面的支持。所以有些商场(超市)会放弃与提供极低价格的大批发商的合作,而选择不愿意提供极低价格的制造商合作,因为通常制造商在产品质量、货源保证、售后服务、促销活动及其他赞助上会支付更多的营销费用。

（4）合适的促销折扣。理想的供应商应能向商场（超市）提供合适的折扣，因为商场（超市）的许多商品都必须进行打折促销。

比如，某供应商提供的折扣无法让商场（超市）的商品售价达到能吸引顾客上门的程度，就算商场（超市）与这一供应商合作，这一关系也不可能持久。由于这种交易不利于卖场的价格形象，因此最好不要选择这样的供应商。

一般来说，商场（超市）促销所选择的品项都是一些价格较低的商品，它们能得到供应商强有力的促销支持，包括畅销的、高回转的、大品牌的日用消费品。

> **小提示**
>
> 促销是商场（超市）营销最重要的武器，但促销的成功与否，全依赖于商场（超市）选择的商品是否正确，供应商是否支持，以及售价是否能吸引顾客上门。

（5）较长的付款期限。付款期限是供应商用来商谈采购价格的砝码。在国内一般供应商付款期限（账期）是月结30～90天左右，具体视不同的商品周转率和商品的市场占有率而定。对商场（超市）而言，一般的食品干货类商品账期在货到45天以上，百货类商品的账期在货到60天以上。而且由于商场（超市）实行每月统一付款，供应商实际收到货款的时间要比合同平均延长15天。

在正常情况下，商场（超市）的付款作业是在交易手续齐全时，按买卖双方约定的付款天数（账期），由银行直接划款至供应商的账户。

> **小提示**
>
> 商场（超市）应尽量选择对自己最有利的付款天数（账期），对于惯于外销或市场占有率大的供应商，一般要求的付款期都比较短，有的甚至要求现金或预付款，如果商品好卖、知名度高，也可以将其选为供应商。

（6）准确的交货期。在商场（超市）电脑计算订单数量的公式中，交货期是个重要的参数，采购方应要求供应商以最短的时间交货，这样就能降低存货的投资。

但是不切实际的压短交货期，将会降低供应商商品的质量，同时也会增加供应商的成本，反而最终影响商场（超市）的价格优势及服务水平。因此商场（超市）应随时了解供应商的生产情况，以确立合理及可行的交货期。

一般而言，本地供应商的交货期为期2～3天，外地供应商的交货期为7～10天。

3.3 采购业务的洽谈

在对供应商进行评价选择的基础上，商场（超市）的采购人员必须就商品采购的具体条件进行洽谈。在采购谈判中，采购人员要就购买条件与对方磋商，提出采购商品的数量、花色、品种、规格要求，商品质量标准和包装条件，商品价格和结算方式，交货方式，交货期限和地点，双方就以上内容达成一致，然后签订购货合同。

3.3.1 谈判的基本目标

在与供应商进行谈判前，采购人员必须有一个基本的目标作为准备相关资料的依据，谈判的基本目标如图3-9所示。

1. 必须在某种程度上取得合约的执行方式的控制权
2. 必须使供应商给予公司最大的配合和支持
3. 以最便宜而合理的价格取得品质被共同认可的商品
4. 必须使供应商按照合同规定，按时按质的执行

图3-9 谈判的基本目标

3.3.2 谈判的内容

谈判的内容包括商品品质、订购量、商品包装、售后服务、商品价格、促销等，具体如表3-1所示。

表3-1 谈判的内容

序号	类别	具体内容
1	商品品质	（1）品质必须符合买卖双方约定的要求或规格。供应商必须具有以下相关品质的文件：产品规格说明书、检验方法、产品合格范围 （2）采购人员应尽量向供应商索取以上资料，以利于未来的交易

续表

序号	类别	具体内容
1	商品品质	（3）采购人员在洽谈时，应首先与供应商就商品达成相互同意的品质标准，以避免日后的纠纷或法律诉讼。对于瑕疵品或仓储运输过程中损坏的商品，应要求退货或退款
2	商品包装	（1）内包装，指用来保护商品或说明商品用途的包装。设计良好的内包装，通常能激发客户的购买意愿，加速商品的周转 （2）外包装，指仅用于仓储及运输过程的保护包装，通常扮演非常重要的角色。倘若外包装不够坚固，在仓储运输过程中损坏太大，会降低作业效率，并影响利润；但若外包装太坚固，则供应商成本增加，采购价格必然偏高，导致商品的价格缺乏竞争力
3	商品价格	除了品质与包装之外，价格是洽谈中最重要的项目。比如新商品价格折扣、单次订货数量折扣、累计进货数量折扣、不退货折扣（买断折扣）、提前付款折扣及季节性折扣等
4	订购量	以适当、及时为原则，而不能以供应商希望的数量为依据。否则，一旦存货滞销，会导致利润降低、资金积压及空间浪费
5	付款条件	付款条件与采购价格息息相关，一般供应商的付款条件是月结30～90天，买方在付款时可获3%～6%的折扣。采购人员应计算最有利的付款条件
6	交货期	（1）一般来说，交货期越短越好。因为交货期缩短的话，订货的次数可以增加，订购数量就可以相应减少，库存会降低，仓储空间的需求就会减少 （2）对于有时间承诺的订货，采购人员应要求供应商分批送货，以减少库存压力
7	售后服务	（1）对于需要售后服务的商品，例如家电、电脑、相机、手表等，采购人员应在洽谈时，要求供应商在商品包装内，提供该项商品售后服务维修单位的名称、电话及地址，使顾客日后在需维修所购商品时，直接与店家联络 （2）采购人员与货物进口商洽谈时，必须要求货物进口商提出有能力做好售后服务的保证，并在商品包装内提供保证单
8	促销	（1）促销包括促销保证、促销组织配合、促销费用承担等 （2）在策略上，通常采购人员应在促销活动的前几周停止正常订购，而着重订购特价商品，以增加利润

续表

序号	类别	具体内容
9	广告赞助	为增加商场（超市）的利润，采购人员应积极与供应商洽谈，争取更多的广告赞助。广告赞助内容如下： （1）促销快讯的广告赞助 （2）前端货架的广告赞助 （3）统一发票背后的广告赞助 （4）停车看板的广告赞助 （5）购物车广告板的广告赞助 （6）卖场灯箱的广告赞助
10	进货奖励	（1）进货奖励是指某一时间内，达到一定的进货金额，供应商给予的奖励 （2）数量奖励是指对一定的订货数量给予某种幅度的折扣 （3）采购人员应适当地要求供应商给予进货额1%～5%的年进货奖励，来提高利润
	备注	上述洽谈内容加上违约责任、合同变更与解除条件及其他必备内容就形成采购合同

3.3.3 谈判的技巧

在采购谈判中，采购人员应当根据不同的谈判内容、谈判目标和谈判对手等具体情况，运用不同的谈判技巧和战术，以推进谈判的进程，从而取得圆满的结果。

 相关链接

采购谈判的10个技巧

谈判技巧是采购人员的利器。谈判高手通常都愿意花时间去研究这些技巧，以求事半功倍。下列谈判技巧值得零售企业采购人员研究。

1. 避免破裂

有经验的采购人员，不会让谈判轻易破裂，否则根本就没必要谈判，他总会给对方留一点退路，为双方冷静下来以后的下一次谈判留一个伏笔。没有达成协议总比不欢而散，或是勉强达成协议好。如果遇上供应商支持竞争对手的情况,也不要与其马上撕破脸,可以从陈列、订货、结算上给予牵制,也可以用全力支持该供应商的直接竞争对手的方式来刺激他,把合作不顺的责任推给该供应商。

2. 只和有决策权的人谈判

采购人员接触的对象可能有业务员、业务经理、经理、董事长等,采购人员不和对谈判内容无决策权的人谈判,以节约时间、提高工作效率。一般的谈判可以和业务员或业务经理谈,但重要的谈判采购人员就要和经理或董事长谈,或是与他们授权的业务员或业务经理来谈。和没有决策权的人员谈判,可能会事先暴露采购人员的立场,让对方有充分的时间来做准备。

3. 在本公司的谈判

在本公司谈判,首先在心理上就占了上风,还可随时得到其他同事的支援,节约了相关的费用,将天时、地利、人和的优势发挥到极致。

4. 放长线钓大鱼

有经验的采购人员知道对手的需要,所以尽量在无关紧要的地方满足对方,在对方自以为得到优惠时,逐渐引导对方满足自己的需求。比如,供应商希望将自己的商品,从货架的最底层陈列到第二层,采购人员不仅一口答应,而且还主动提出可以放到第三层,供应商觉得占了个大便宜,但接着采购人员提出,原来放在第三层的商品是付了陈列费的,有效期到这个月,供应商觉得现在才是月初,到了下个月这个商品的销售旺季就过去了,因而提出也可付费,其实第三层的商品根本就没有交陈列费。最后,该供应商不仅支付300元/月的陈列费还主动提出将供货价格下调2%,做一个月的促销。

5. 紧紧抓住主动权

攻击是最佳的防御,对于一些沉默、内向的谈判对手,采购人员应尽量以自己预先准备好的问题,以开放式的提问,让对方不停回答,从而暴露出对方的立场,然后再抓住对方露出的破绽,乘胜追击,对方若难以招架,自然会做出让步。

6. 必要时转移话题

对于一些个性较强、外向型的谈判对手,在双方就某一问题或细节纠缠不休,无法谈拢时,有经验的采购人员会及时转移话题,或是喝喝茶暂停一下,或另约时间再谈,以缓和紧张气氛。但方法要适当,不要让对方认为采购人员是在软弱退让,可以用要开会或另约了人等借口。

7. 尽量做一个好的倾听者

有的人比较爱面子，虚荣心强。在谈判时，个别供应商可能喜欢表现自己在某一方面的特长，或是吹嘘自己对某些方面十分熟悉。采购人员在碰到这类情况时，不要急于表态，尽量做一个好的倾听者，通过他的言语和动作，了解他的谈判立场。而且大多数人都是讲道理的，对于一个好的倾听者，在不知不觉中会放下戒备，这时采购人员的机会就来了。

8. 尽量为对手着想

全世界只有极少数人认为谈判时应"赶尽杀绝"，丝毫不能让步，但事实证明，大部分成功的谈判，都是在和谐的气氛下才能达成的。若轻易许诺、欺骗对方又不兑现，或是以居高临下的姿态来威胁对方，谈判注定会失败。成功的谈判结果是双赢，供应商是商场（超市）的重要伙伴，而不是出气的对象，采购人员在尽力维护公司利益的同时，也要尽量为对方着想。

9. 不接受以增加商品种类为附加条件的优惠

供应商经常以种种理由全力推销其所有商品，但采购人员只坚持销售回转率高的商品，这时供应商常会说，如果你进全我的商品，我就会给你们公司更多的优惠。请注意，如果采购人员答应了一个，就会有第二个，到时就很难控制整个卖场的商品结构，而且给其他部门也会带来很多不便。比如，给财务部增加了处理账务的时间；由于滞销，给营运部门增加了管理的难度；商品品项过多，给仓管部门增加了库存管理的难度。

10. 切忌盲目砍价

采购人员经常性地和供应商议价，是保持商品进价最低的一个有力手段，但切忌盲目砍价而忽略了其他要点。采购人员若眼里只有价格，可能造成供应商以次充好，变相提高进价，这实际上上了供应商的当。

3.4 采购合同的签订与管理

在采购人员和供应商经过谈判，供应商接受超市的商品政策，并就其他问题达成一致后，接下来双方要做的就是签署正式的合同和加盖合同章（或公章），然后双方就可以开始正式的合作。

3.4.1 合同的内容

一份严谨的商品采购合同应包括以下主要内容,如表3-2所示。

表3-2 合同的内容

序号	项目	说明
1	商品的品种、规格和数量	商品的品种应具体,避免使用综合品名;商品的规格应规定颜色、式样、尺码和牌号等;商品的数量多少应按国家统一的计量单位标出。必要时,可附上商品品种、规格、数量明细表
2	商品的质量和包装	合同中应规定商品所符合的质量标准,注明是国家或部颁标准;无国家和部颁标准的应由双方协商凭样订(交)货;对于副、次品应规定出一定的比例,并注明其标准;对实行保换、保修、保退办法的商品,应写明具体条款;对商品包装材料、包装式样、规格、体积、重量、标志及包装物的处理等,均应有详细规定
3	商品的价格和结算方式	合同中对商品和价格的规定要具体,规定作价的办法和变价处理等,以及规定对副品、次品的折扣办法;规定结算方式和结算程序
4	交货期限、地点和发送方式	交(提)货期限(日期)要按照有关规定,并考虑双方的实际情况、商品特点和交通运输条件等确定。同时,应明确商品的发送方式(送货、代运、自提)
5	商品验收办法	合同中要具体规定在数量上验收和在质量上验收商品的办法、期限和地点
6	违约责任	签约一方不履行合同,违约方应负物质责任,赔偿对方遭受的损失。在签订合同时,应明确规定,供应商有以下三种情况时应付违约金或赔偿金: (1) 未按合同规定的商品数量、品种、规格供应商品 (2) 未按合同规定的商品质量标准交货 (3) 逾期发送商品。购买者有逾期结算货款或提货,临时更改到货地点等,应付违约金或赔偿金
7	合同的变更和解除条件	(1) 在什么情况下可变更或解除合同,什么情况下不可变更或解除合同,通过什么手续来变更或解除合同等,都应在合同中予以规定 (2) 除此之外,采购合同应视实际情况,增加若干具体的补充规定,使签订的合同更切实际,更有效力

签订购货合同,意味着双方形成交易的法律关系,应承担各自的责任义务。供应商按约交货,采购方支付货款。

3.4.2 签约

不同规模的商场（超市）有不同的组织架构，其签约的流程也不尽相同。这里以大中型商场（超市）为例，简单介绍其签约流程，如图3-10所示。

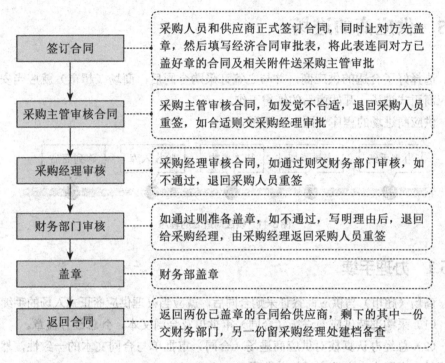

图3-10 签约的流程

3.4.3 合同的日常管理

在合同正式签订完后，有一份合同留在采购经理处，采购助理要做好分类、登记、归档的工作，制作好合同资料表，一式两份，以方便采购经理、采购主管（只有所管辖采购组的合同资料表）查询。

如果有同一个供应商对应多个采购组的合同，采购助理要分清楚该供应商给各采购组的不同条件，并将条件分别登记到各个对应采购组的合同资料表里去。

采购经理要注意对合同执行情况的监控，根据采购助理整理的合同资料表，一个月检查一次合同的执行情况（要把这件工作记到每周工作计划表里去）。发现偏差要及时纠正，如果采取措施后不见整改，有必要考虑是否对该供应商进行清场，或对采购人员进行调整。对于每月合同的执行情况，可以使用合同履行月报表来进行管理。要求每个采购人员根据本组各供应商本月合同的履行情况，填写好本组的合同履行月报表，在下月的3日之前交采购主管审批，采购主管根据合同资料表的记录，核实本部门供应商履行合同的情况，并在下月5日之前汇总交到采购经理处。

3.5 供应商的进场

选择好了合适的供应商，并与之签订采购合同后，商场（超市）就应当安排供应商正式进场，开始商品的销售工作。

供应商进场的程序如图3-11所示。

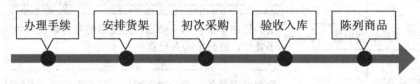

图3-11 供应商进场的程序

3.5.1 办理手续

商场（超市）与供应商签订采购合同后，就应当办理供应商正式入场的手续。
（1）采购部持供应商进场（合同）审批单及合同文本，到总经办盖章。
（2）总经办认真核对供应商进场（合同）审批单与合同文本的一致性，然后请店长在合同文本上签字后加盖公章。
（3）商场（超市）要将供应商及商品资料建档，录入系统。

下面提供一份××超市新供应商进场审批申请书的范本，仅供参考。

【范本】

××超市新供应商进场审批申请书

供应商编号		供应商名称		××超市新供应商进场审批申请书					
生鲜	□蔬果组 □水产组 □日配组 □面包熟食组		肉组 食品	□酒饮组 □粮油组 □休闲食品组	□日化组 □冲调组	百货	□精品组 □家居组 □小家电组 □服饰组	□文教组 □大家电组 □妇婴组	□文体组 □家纺组	

续表

评估项目	采购主管评估（打"√"）			采购经理评估（打"√"）			采购总监评估（打"√"）		
	好	一般	差	好	一般	差	好	一般	差
（1）价格：愿以最低价格供货									
（2）诚信：不可有贿赂及违背诚信行为									
（3）质量：质量有保障									
（4）包装：商品及包装符合顾客需要									
（5）服务：能配合超市的营采作业及售后服务									
（6）批发：愿意经由超市批发给专业客层									
（7）货源：财务及管理完善，货源可靠									
（8）远见：不贪近利，愿与超市齐步成长									
（9）促销：促销支持力度									
（10）赞助：赞助金支持力度									
总分	____分			____分			____分		
预估每月销售额及毛利率	____万____%			____万____%			____万____%		
是否有特殊关系	□是 □否			□是 □否			□是 □否		
综合评估（针对优缺点）									
同意进场与否	□同意 □不同意			□同意 □不同意			□同意 □不同意		
签字	（采购主管）			（采购经理）			（采购总监）		
日期	____年__月__日			____年__月__日			____年__月__日		

备注：表中评定标准，"好"得分为10分；"一般"得分为7分；"差"得分为5分。

3.5.2 安排货架

商场（超市）要与供应商协商好陈列量，并为供应商的商品腾出相应的货架。

3.5.3 初次采购

商场（超市）向供应商发送订单，进行初次采购。

3.5.4 验收入库

供应商送货到店后，商场（超市）安排验收与收货，并做好储存工作。

3.5.5 陈列商品

将供应商的商品陈列到预留的货架上，开始销售工作。

3.6 供应商的评价考核

供应商评价是指持续不断地对现有供应商保持监督控制，观察其是否能够实现预期绩效；对新供应商进行甄别，看其潜力是否能达到商场（超市）日常销售所需水平。对供应商的评价考核步骤如图3-12所示。

图3-12 评价考核供应商的步骤

3.6.1 明确评价考核的目的

商场（超市）在对供应商进行考核时，要明确评价考核的目的，具体如图3-13所示。

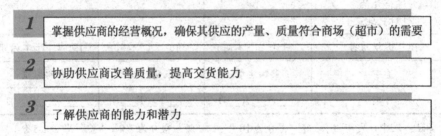

1. 掌握供应商的经营概况，确保其供应的产量、质量符合商场（超市）的需要
2. 协助供应商改善质量，提高交货能力
3. 了解供应商的能力和潜力

图3-13 评价考核的目的

3.6.2 建立评分体系

供应商的评分体系是指对供应商在各种要求上所达到的状况进行计量评估的评分体系，同时也是为了综合评价供应商能力与其供货质量的体系。不同商场（超市）的供应商的评分体系不尽相同，但通常都有交货质量评分、配合状况评分、交货及时评分三个主项，商场（超市）可以以这三个项目为重点，对供应商进行评价。

3.6.3 确定评价周期

商场（超市）对供应商的评价通常每季度或每年进行一次。

3.6.4 实施评价

商场（超市）按制度规定的周期对供应商进行评价，在评价过程中最好制定一些标准的表格，以用于评价工作中。

商场（超市）也可利用分类管理法，把供应商分为A、B、C、D四级，其中A级厂商通常由采购主管控制及管理，或由采购主管来决定合作方式。

下面提供一份××超市供应商评价表的范本，仅供参考。

【范本】

××超市供应商评价表

项目	评价				得分
	A	B	C	D	
商品畅销程度	非常畅销（10）	畅销（8）	普通（6）	滞销（2）	
欠品率	2%以下（15）	2%~5%（15）	5%~10%（10）	10%或以上（6）	
配送能力	准时（15）	偶误（10）	常误（5）	极误（2）	
供应价格	比竞争店优惠（20）	与竞争店同（18）	略差于竞争店（10）	与竞店差距大（2）	
促销配合	极佳（15）	佳（10）	差（5）	极差（2）	
商品品质	佳（10）	可（8）	差（5）	常有坏品（2）	

续表

项目	评价				得分
	A	B	C	D	
退货服务	准时（10）	偶误（8）	常误（5）	极误（2）	
经营潜能	极佳（15）	佳（10）	普通（6）	小（3）	
备注	评价每半年一次，一年两次，取平均得分； 得分70分以上为A，60～70分为B，50～60为C，50分以下为D； 对A级供应商进行年度表扬				

3.6.5 根据评价结果实施奖惩

依据评价的结果，对供应商进行升级或降级；并根据采购策略，对合格、优良的供应商给予优先议价、优先承揽的奖励，对不符合标准的供应商，应拒绝与其继续合作。

3.7 供应商的适时淘汰

供应商淘汰是指将不符合商场（超市）供货要求，丧失供货资格的供应商淘汰出场，其操作流程如图3-14所示。

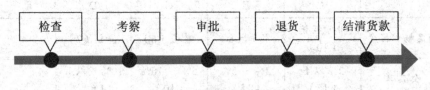

图3-14 淘汰供应商的流程

3.7.1 检查

采购部每周对已入场三个月及以上的供应商的商品进行一次检查，编制供应商销售排行榜。同时，列出供应商经营情况一览表，内容包括编号、供应商名称、进场日期、品种数、平均日销、结款方式、库存金额等。

3.7.2　考察

采购部对供应商的供货情况及其商品销售情况进行考察，确定是否保留其供货资格，对不合格的供应商应取消其供货资格。

3.7.3　审批

店长审核通过，则确定该供应商被淘汰。采购部将该供应商资料标记为不可订或不可进，并编制淘汰供应商名单。

3.7.4　退货

将商场（超市）内该供应商尚存的商品全部下架，集中起来，按合同做退货处理，通知供应商前来取回退货。

3.7.5　结清货款

财务部汇总并收取相关费用，结清供应商余款。

第4章
商品损耗控制

 导言 ▶▶▶

卖场内的损耗直接影响着商场（超市）的利润，降低损耗、缩减相关费用可使商场（超市）获得最大的利润。著名的零售企业沃尔玛超市已将商品的损耗控制在1%以内，而一般的超市损耗则在3%~5%，有的甚至更高，所以有效地控制损耗，是零售业管理的重中之重。

4.1 商品损耗的类别

在零售企业里，商品的损耗主要来自两个方面，具体如图4-1所示。

图4-1　商品损耗的类别

4.1.1 过失损耗

过失损耗主要有图4-2所示的几种情形。

1　基于管理不当而形成的损耗，如操作失误，货架摆放太高或太满，造成货架破裂及倒塌等

2　因商品订货过多或保存不当等因素，导致商品不新鲜而被丢弃

3　鲜货收货时没去皮或没过称

4　对商品该报损的没报损，随意扔掉

5　对商品随意踩踏，造成商品变形损坏

6　没有遵守先进先出的原则，造成商品过期

图4-2　过失损耗的主要情形

4.1.2 故意损耗

故意损耗是指由内部员工及外部顾客的不诚实行为导致的损耗。

比如，不当采购、盗窃行为、供货欺诈（以次充好、数量不足、与验货员私下交易等）等。

4.2 开业期间商品的损耗控制

在开业期间，顾客通常相当多，由顾客抢购各种促销商品引起的损耗较大，各种偷盗行为也相对较多，这对门店的损耗控制提出了更高的要求。以下从收货、陈列、仓库管理、防盗反扒、拾零护银、员工管理几个方面讲述损耗控制的管理要求。

4.2.1 开业期间的收货管理

开业期间的收货管理措施如下。

（1）根据门店收货情况安排3～4名责任心较强的防损员作为专职的收货防损员，任何人员不得调动收货防损员或对其安排其他工作任务。开业损耗控制在标准范围，对收货防损员予以适当的奖励。

（2）收货开箱必须按照公司的要求进行验收，贵重物品100%开箱验收。

（3）相关负责人员对商品出入进行监督，无异常情况下，坚持"只进不出"的原则，防止重复验收。

（4）对于散装食品收货，严格按照制度予以验收及称重。

（5）对收货单据进行日清，对所有收货单据进行仔细核对。

（6）门店开业当天不收货（生鲜除外），规定收货的时间。

（7）所有贵重商品放置指定区域并做好台账登记。

（8）收货组应对赠品的收货仔细清点其数量，并做好入库登记。根据数量发放赠品条，赠品粘贴好赠品条方可进入卖场，严禁商品组私存赠品条。

（9）商品组理货员、导购员要妥善保管赠品，并与商品进行捆绑销售，各商品组应提前通知收银组，有赠品的商品的名称和相应的赠品数量。

4.2.2 开业期间商品陈列

开业期间商品陈列要求如图4-3所示。

4.2.3 开业期间仓库管理

开业期间仓库管理要求如图4-4所示。

1	重点易盗商品全部投放防盗标签后再做陈列
2	不适合投放防盗标签的重点易盗商品(口香糖、巧克力)限量陈列,甚至可以推迟三天陈列
3	注意高档瓶装商品(高档酒、橄榄油)的陈列安全,防止顾客拥挤导致摔碎
4	散装食品(开心果、牛肉干)打包后粘贴软标再陈列,并尽量陈列在主通道顾客较多的地方或者监控摄像头下面
5	炒制商品陈列的位置要有利于顾客秩序的维护,不要陈列在主通道上
6	散装的炒制商品打包陈列并做好称重等前期准备工作

图4-3 开业期间商品陈列要求

1	在仓库门口粘贴显眼的标识,防止顾客进入仓库
2	在仓库建立人员进出登记表、商品进出登记表,对人员的进出、商品的进出进行严格控制
3	安排专人进行仓库管理,对仓库内人员的行为进行监督、控制

图4-4 开业期间仓库管理要求

4.2.4 开业期间防盗反扒措施

开业期间防盗反扒措施如下。

(1)防损组对重点易盗商品(日化、奶粉、休闲食品、腊制品等)安排专人盯守。

(2)商品组将各重点排面进行区域划分,责任到人;对责任人所划分的区域进行定点定岗。

(3)重点商品区域的员工对顾客的异常购物行为,必须100%进行跟踪销售,或通知负责该区域的专职巡视人员。

(4）加大防盗标签的投放量，对重点易盗商品、床上用品、针棉服饰、鞋类进行100%的防盗标签投放。

（5）门店在开业期间在重点区域（日化区、奶粉区、腊制品等）增设临时收银台。

4.2.5 开业期间拾零护银

开业期间拾零护银要求如图4-5所示。

1. 开业当天收银区防损员对顾客遗留在收银区的商品进行集中放置，门店必须按食品、非食品、生鲜安排专门人员对收银台遗留商品进行及时归位

2. 门店在开业当天应停止购物车的使用，对购物篮安排专人进行收集和定点放置，保证购物篮的正常周转

3. 开业当天，门店应安排专人负责收银员的临时缴款及换零工作。缴款和换零时应有3人以上的人员一起，以确保现金的安全

图4-5　开业期间拾零护银要求

4.2.6 开业期间的员工管理

开业期间的员工管理措施如图4-6所示。

1. 开业前门店必须确定全体员工的上下班路线、排面值班制度、分批就餐制度

2. 所有特价商品门店员工不得预留，一经查实，一律辞退

3. 所有员工包裹一律放置自用品柜，不得进入卖场

图4-6　开业期间的员工管理措施

4.3 收银作业的损耗控制

收银作业损耗主要指收银不当造成的损耗，这是商品损耗的一个重要方面。

4.3.1 收银损耗的原因

导致收银损耗有两方面的原因,具体如图4-7所示。

图4-7 导致收银损耗的两大原因

4.3.2 收银损耗的具体表现

收银损耗的具体表现如下。

(1)敲错了货号部门的按键。

(2)敲错了商品的金额。

(3)收银员与顾客是亲友关系,发生不正当行为。

(4)由于价格无法确定而输错金额、看错商品价格。

(5)对于未贴标签、未标价的商品,收银员以自己推测的价格销售。

(6)收银员误输商品价格后,在改正的过程中操作不当。

(7)收银员虚构退货而私吞现金等。

(8)收银员漏输商品(故意或过失)。

(9)按错设定的快速键,收银员追求速度把外观包装类似的商品视为同一商品结账。

(10)收银员利用退货键、立即更正键消除登打金额,乘机抽取金钱。

(11)特价期间的特卖品予以原售价退回。

(12)货币换算错误。

(13)挂单商品保管不善或丢失。

4.3.3 收银损耗的防范措施

收银损耗的防范措施如图4-8所示。

1. 制定规范的收银员作业规范及绩效考评制度
2. 规范收银员结账收银的基本程序
3. 收银员每天换不同收银台，避免滋生不良行为
4. 收银监察人员随时利用监控系统，监督各个时段收银金额状况，若有异常，立即检查
5. 加强对收银员吃饭、交接班时间的监察
6. 避免收银员利用退货键、立即更正键消除已登打的商品金额

图4-8 收银损耗的防范措施

4.4 非生鲜品的损耗控制

商场（超市）的非生鲜品主要是指日化类、日配类、休闲食品类等商品。

4.4.1 日化类商品的损耗控制

日化类商品的损耗主要是由偷盗、盘点错误等造成的，其损耗控制措施如下。
（1）在日化区设立专柜收银台。
（2）商品组对重点易盗商品进行跟踪销售，要求员工养成顾客购物主动带顾客到专柜收银台买单的习惯。
（3）将重点排面进行区域划分，定人定岗；责任到人，防损组对责任人的在岗情况进行监督。
（4）商品组按照日盘点工作的流程要求，执行到位。
（5）在节假日、偷盗行为的高发时间段，防损组可安排便衣反扒人员重点巡视。
（6）经常组织日化区员工学习各种偷盗案例，提高员工的防盗意识和防盗技巧。

（7）合理投放防盗标签，要求商品组对重点易盗商品必须100%投放到位，限量陈列。

（8）在仓库入口建立员工出入登记，防损组在仓库内建立重点区域巡视记录表，不定时进行巡查。

（9）仓库内商品必须整件封箱存放；取走商品必须在库存管理卡上注明数量、姓名，再封箱。

（10）盘点前将仓库、非排面商品按要求分类整理好。

（11）做好员工盘点前的培训工作。

（12）对盘点中库存调整较大的单品进行重点稽核。

4.4.2 日配类商品的损耗控制

日配类商品的损耗主要是由偷盗、风干、串码销售等造成的，其损耗控制措施如下。

（1）对重点易盗的包装腊制品100%投放防盗标签，防盗软标粘在产品不明显处。

（2）对价格高、易丢失的包装腊制品限量陈列，可使用纸箱垫底的方法保持排面的丰满。

（3）将重点排面进行区域划分，定人定岗；责任到人，防损组对责任人的在岗情况进行监督。

（4）在节假日、偷盗行为的高发时间段，防损组可安排便衣反扒人员重点巡视。

（5）合理订货，避免散装腊制品大库存的积压，防止过度风干。

（6）散装腊制品，销售过程中需刷油，停止营业后必须加盖油布，防止风干。

（7）散装腊制品排面上适量陈列，不要陈列在空调风口下，或者风可以直接吹到的地方。

（8）不同价格的相同产品（如不同价格的散装香肠）不要陈列在一起，避免顾客选混。

（9）司称员应熟悉卖场商品，提高分辨商品的能力。

4.4.3 休闲食品类的损耗控制

休闲食品类的损耗主要是由偷盗、串码销售、盘点错误、过期报损等造成的，其损耗控制措施如下。

（1）对易盗的高价散装食品（如散装开心果、牛肉干）打包销售。

（2）对价格高、易丢失的包装商品限量陈列，可使用纸箱垫底的方法保持排面的丰满。

（3）将重点排面进行区域划分，定人定岗；责任到人，防损组对责任人的在岗情况进行监督。

（4）在节假日、偷盗行为的高发时间段，防损组可安排便衣反扒人员重点巡视。

（5）不同价格的相同产品（如不同价格散装果冻）不要陈列在一起，避免顾客混选。

（6）收货时按照要求对散货称净重。

（7）关注食品的保质期，临到期商品及时提醒门店处理，避免损耗。

4.5 生鲜品的损耗原因

生鲜食品多属于非标准、保存条件特殊的商品，再加上现场生产加工所涉及的管理过程和环节比一般商品烦琐复杂得多，需要管理控制的关键点增加，如果供、存、产、销之间的衔接协调不当，产生损耗的环节自然就多，其中既有商场（超市）各部门带有共性的损耗原因，也有生鲜区特定的原因。

按生鲜区的管理流程分类，损耗原因主要有以下几类，具体如图4-9所示。

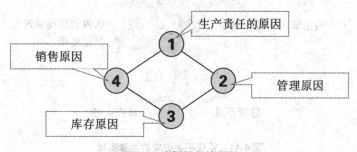

图4-9 生鲜损耗的原因

4.5.1 生产责任的原因

由生产责任造成的生鲜损耗，主要有图4-10所示的几种。

4.5.2 管理原因

由管理不善造成的生鲜损耗，主要有图4-11所示的几种。

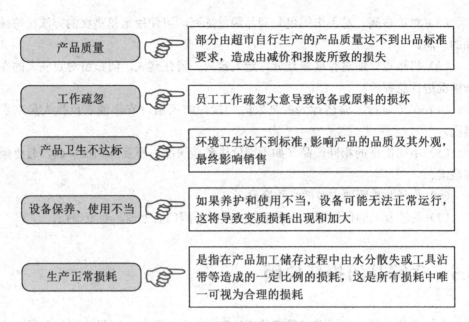

图4-10　生产责任造成的生鲜损耗

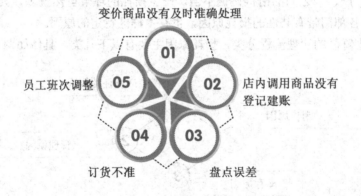

图4-11　管理不善造成的生鲜损耗

图示说明：

（1）生鲜食品因鲜度和品质不同，致使价格变化比较频繁，如果管理不到位，变价商品得不到及时、准确的处理，就会产生不必要的损失。

（2）生鲜食品各部门之间常会发生商品和原料相互调换的情况，如果各部门的有关调用未建账或记录不完整，就会在盘点账面上出现较大的误差，造成库存流失。

（3）在生鲜食品盘点工作中，由于管理无序，或盘点准备不充分，对盘点的误差不能及时查明原因，必然出现常见的盘点误差损失。

（4）生鲜部门订货人员对商品销售规律把握不准或工作不够细致，导致原材料或商品订货过量。这种情况下往往出现由无法退货或逾期保存造成的商品损耗或减价损耗。

（5）在员工班次调整期间，由于新的岗位需要一段适应时间，损耗往往在这个阶段出现。

4.5.3 库存原因

由库存造成的损耗，主要有图4-12所示的几种。

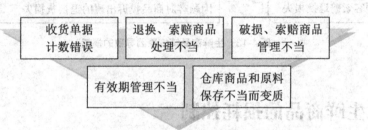

图4-12　库存原因造成的生鲜损耗

图示说明：

（1）在收货环节上，由于相当一部分为非标准商品和原材料，因鲜度、水分含量和冷藏温度等的不同，收货的标准受验货人员的经验影响较大，出现判断误差和记数错误的可能性也较大，这里也不排除人为故意造成的误差。

（2）部分商场（超市）未设立管理退换、索赔商品的专职人员，或相关管理工作不到位，应索赔的商品得不到及时处理，无法取得合理的索赔商品补偿，使得本可挽回的损失扩大化。

（3）破损及索赔商品在待赔期间管理不当，发生丢失等，将无法继续获得赔偿。

（4）生鲜商品和原料需要进行严格的有效期管理，做到"先进先出"，如果管理不当，就会出现较大的损失。

（5）生鲜食品和原料的保存环境（如温度、湿度等条件）达不到要求，也会造成变质损失。

4.5.4 销售原因

由生鲜商品销售导致的损耗，如图4-13所示。

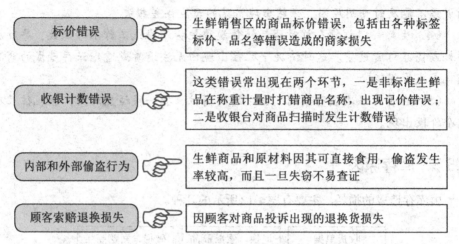

图4-13 生鲜商品销售原因导致的损耗

4.6 生鲜商品的损耗控制

生鲜商品损耗主要从图4-14所示的环节进行控制。

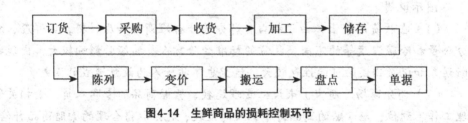

图4-14 生鲜商品的损耗控制环节

4.6.1 从订货环节控制

生鲜部门订货必须由组长级以上的人员来做,不能由员工甚至促销员来做。商场(超市)可按图4-15所示的措施,从订货环节加强生鲜商品的损耗控制。

① 合理科学地制订采购计划。订货原则是以销量来确定订货量,也就是预估明天销多少,再减去当日库存即可

② 非加工类商品全面推行订货周表,要求门店严格按上周销量制订本周的订货计划

3 对单品库存进行严格规定,不同的类别单品只允许制订几天的订货计划,以控制不合理的订货计划所带来的商品损耗

4 加工类商品全面推行生产计划表,要求由片长、组长根据上周同期的销量计划本周的生产单品及数量

图 4-15　订货环节的损耗控制措施

4.6.2　从采购环节控制

采购是保证生鲜食品质量最重要的一个环节,商场(超市)必须对生鲜食品制定严格的采购标准,对采购员进行专门的培训,使其对自己将要贩卖商品的规格、等级、鲜度、价格等有彻底了解,充分了解消费者需要什么样的生鲜食品。消费需求的不同,对商品的要求也不同。

比如,超市位于高档消费区内,那么应该采购高档的生鲜品,因为本区的消费者比较注重生鲜的质量而非价格。

> **小提示**　采购员的专业能力对生鲜品的损耗控制有很大的影响,采购人员不得不慎重了解超市顾客的需求。

商场(超市)可按图 4-16 所示的措施,从采购环节加强生鲜商品的损耗控制。

1 建立自采商品反馈机制,对自采商品的质量、含冰量进行检查

2 按类别建立采购损耗标准,严格考核采购损耗

3 提升采购员的专业技能与谈判技巧,确保商品质量与价格

图 4-16　采购环节的损耗控制措施

4.6.3　从收货环节控制

生鲜商品的质量受到湿度、温度、时间及受污染程度的影响而呈现曲线性的劣变,温度过高或过低、湿度过高或过低都会影响商品质量;时间拖得愈久、受

污染的程度愈高,质量就愈差。因此采购员需要充分了解货源、产地、批发市场等整体质量,再将异常质量情况告知验收者,才能将产销部门的质量标准达成共识,保证质量合格的生鲜品进入超市,避免质量不合格商品滥竽充数,而造成验收的损耗。

因此,验收者必须具有专业经验,最好由生鲜部门的专业人员来验收生鲜品质量,由收货部来验收数量。具体控制措施如图4-17所示。

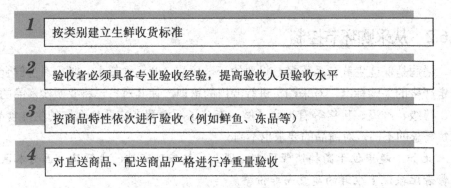

图4-17 收货环节的损耗控制措施

4.6.4 从加工环节控制

生鲜商品的加工作业必须遵守加工作业标准,具体事项如图4-18所示。

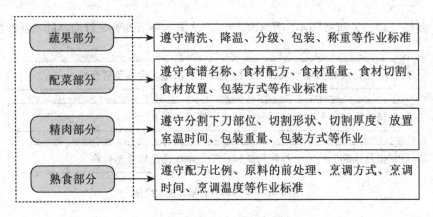

图4-18 加工作业标准的具体事项

以上这些作业标准都必须以书面方式建立起来,用来培训员工并作为员工加工作业标准的依据。若加工作业没有标准,每次做出来的成品可能外观、口味、色泽都不一样,导致做出来的成品卖不出去,这就是损耗。

4.6.5 从储存环节控制

库存控制是生鲜食品管理中非常重要的一个环节,可从图4-19所示的几个方面加以控制。

1. 应该对市场需求进行有效的预测,减少生鲜食品的库存量
2. 尽可能通过加强内部管理来最大限度减少缺货现象的发生,及时反馈缺货信息,安排专人负责卖场巡视,掌握存货状态
3. 必须做到每次订货量要适当,订货频率要高,以保证商品的生鲜度。针对不同的生鲜食品,设置不同的库存量
4. 为了避免和防止易腐、易烂、易变质的生鲜食品在超市中出现大量损耗,在储存方面应采用科学方法和多种保鲜、养护手段
5. 确保生鲜食品在储存期的安全,保护其质量和使用价值,要减少不必要的环节,避免反复翻动
6. 要贯彻"先进先出"和"质差先出"的原则,严把保管期,使生鲜品在养护得当的同时损耗得以控制

图4-19 储存环节的损耗控制措施

4.6.6 从陈列环节控制

陈列必须注意商品的稳定性,商品堆得过高,或斜度过大,或没有护栏保护,很容易掉落地面,造成损耗。陈列的设备不当,如与商品的接触面过于尖锐,温度过高或过低,也会造成损耗。陈列量不当,如陈列量过少,顾客认为是选剩品不购买,陈列量过大,超出可销售的最大量,都会造成损耗。陈列位置不当,无法吸引顾客视线,商品销售受影响,从而产生损耗。以上都是陈列不适当产生的损耗,其控制措施如图4-20所示。

4.6.7 从变价环节控制

生鲜商品不及时变价,也会导致损耗的产生,可按图4-21所示的措施加强变价环节的损耗控制。

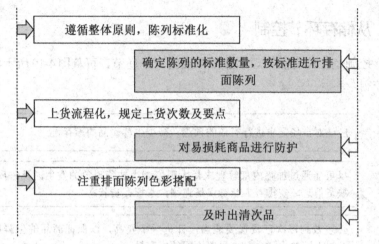

图 4-20 陈列环节的损耗控制措施

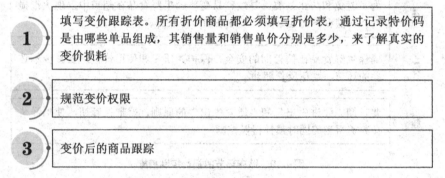

图 4-21 变价环节的损耗控制措施

4.6.8 从搬运环节控制

搬运过程要更加留意，注意轻拿轻放，避免堆叠太高或堆叠方式不对，造成由外箱支撑不住或商品掉下导致的损耗。

4.6.9 从盘点环节控制

要想从盘点的环节控制生鲜商品的损耗，关键是做好盘点前的培训，提高员工责任心，加强对盘点结果的稽核。具体措施如图 4-22 所示。

4.6.10 从单据环节控制

单据管理的关键是规范地填写各项单据。具体要求如图 4-23 所示。

1	盘点前仓库分类整理到位，避免甲、乙商品混盘
2	核对盘点单位与电脑单位是否一致
3	检查数字或输单是否有错误
4	加强对盘点结果的稽核，防止虚盘

图4-22　盘点环节的损耗控制措施

1	注意千克与克对应的价格
2	注意入库的供应商代码、税率、部门、收货数量、单位等
3	注意在盘点前及时处理好各种单据（入库单、配送单、返厂单、返仓单、调拨单、报损单等）
4	注意调拨的数量、调拨的部门与商品编码等

图4-23　单据填写的注意事项

> 相关链接 ‹

超市损耗管理的具体措施和现实途径

要降低损耗，必须有可操作的具体措施，不同超市可以根据自己的特殊性找到合适的降低损耗的现实途径。在此，针对超市损耗管理中的共性，提出几点措施和现实途径，仅供参考。

一、生鲜经营损耗的防范

1. 制度保证

核心是制定相关的操作流程及规范，明确各岗位的权利、义务，全面防范。

2. 标准明确

重点是生鲜各类商品的验收标准，分肉类、水产、干货、蔬果、烘焙食品、熟食及原材料、耗材等，逐项明列，收货部门严格把关。

3. 产销平衡

自产食品的生产数量与销售数量必须随时衔接，既保证必要的量感，又不能超越、积压。

4. 生态转换

这在生鲜中非常重要。如蔬菜、水果可制成果汁、果盘或配菜；肉类可转化成肉丸、肉馅等。"生鲜品—半成品配菜—熟食品"的正常转化，是灵活经营、减少损耗的有效方法，但一定要控制鲜度、品质。

5. 目标管理

现大多超市有店内的损耗目标，生鲜部门自身也有，可以以目标为激励和约束，定期评估。

6. 存货控制

合理规划存货数量及时间，例如，在协助一家超市管理时，曾发现其生鲜部门储存加工用酱油的数量足够使3年。可见，这样的存货控制长久下去，已不再是正常货品。

7. 适时减价

××超市曾经推出过"晚八五折"的生鲜促销活动，即每天晚上八点以后，生鲜区好多加工食品五折出售，这一活动的销售效果很不错。

8. 温度调控

在肉品、蔬菜等区域，温度的调控对鲜度影响很大。正常情况下，仓库最好控制在1℃到5℃之间，陈列柜的温度应维持在3℃左右，熏肉、加工肉则以1℃到2℃为宜。根据经验，适当的温控管理，可以使损耗平均下降3%左右。

9. 设备维护

超市投资主要集中在生鲜部门。生鲜设备的正常使用及维护，又是影响其产品质量的物质条件。在日常工作中，一定要落实专人负责，定点定时巡回检查，特别是冷冻设备，每小时都要检查记录。其他设备至少每天要求记录运行情况，发现问题，及时维护。

生鲜经营的损耗防范是超市面临的重大课题。显然，这绝不局限于生鲜的经营管理部门，而是整个店甚至是整个公司的重要工作，在分工负责、协同配合的基础上，健全制度、狠抓落实，相信也应该能够得到有效的控制。

二、卖场经营损耗的防范

1. 加强内部员工管理

员工偷窃与顾客偷窃是有区别的，顾客偷窃往往是直接拿取商品而不结账。而员工偷窃则有多种表现形态，如内部勾结、监守自盗、直接拿取货款、利用上下班或夜间工作直接拿取商品等，使人防不胜防。

首先，要针对员工偷窃行为制定专门的处罚办法，并公布于众，严格执行。

其次，要严格要求员工上下班时从规定的员工通道出入，并自觉接受卖场保安人员的检查，员工所携带的皮包不得带入卖场或作业现场，应暂时存放在指定点。

最后，对员工在上下班期间购物情况要严格规定，禁止员工在上班时间去购物或预留商品。员工在休息时间所购商品应有发票和收银条，以备保安人员、验收人员检查。

2. 员工作业管理

虽然现在的大卖场有很多现代化的管理设施，但它始终具备服务性行业的基本特征——员工是企业灵魂。因此，应加强对员工作业的管理，规范员工作业的流程，尽可能把员工在作业过程中造成的损耗降到最低。

首先，由于大卖场经营的商品种类繁多，如果员工在工作中不认真负责或不细致就可能造成商品条码标签贴错，新旧价格标签同时存在，POP（卖点广告）与价格卡的价格不一致，商品促销结束后未恢复原价，商品过期却未进行相应的处理等情况。这样一来，某些顾客可能以低价买走高价商品，从而造成损耗；或者顾客买到超过保质期商品向消费者协会投诉，不仅在经济上造成损耗，而且对企业的形象也极为不利。因此，大卖场里各部门主管应给员工以明确的分工，每天开店之前把准备工作全部完成。比如：检查POP与价格卡是否相符；检查商品变价情况，并及时调换；检查商品的保质期等。这样才能在这方面减少损耗。

其次，由于大卖场的特殊性，在经营过程中的零库存是不可能的，因此，仓库的重要性是可想而知的。所以，仓库管理的好坏直接会影响到损耗的多少。

大卖场大批量进货，会加大仓库商品保管难度，虽然各部门各有自己的商品堆放区域，但难免会相互侵入对方的堆放区域，如果是非食品处的各部门，商品会相对容易保管，但也难免会出现由乱丢、乱扔对方商品而造成的人为损坏。如果是食品处的各部门，有些员工可能对别的部门的商品不会"口下留情"，可想而知损耗该有多大。针对这种情况可以安排专门人员进行监督，负责管理零散商品的堆放，使仓库管理规范化，杜绝偷吃现象，减少仓库里的损耗。

另外,卖场营业过程中由顾客不小心或商品堆放不合理而造成的损坏或破包,各部门可以针对这种情况在仓库里留出一小片地方作为退货商品堆放区,并由专门的资深员工负责退货和管理,把损耗降到最低。

最后,大卖场的收银员作为现金作业的管理者,其行为不当也会造成很大的损耗。比如:收银员与顾客相熟,故意漏扫部分商品或者私自键入较低价格抵充;收银员虚构退货私吞现金;商品特价时期已过,但收银员仍以特价销售等。因此,要严明收银员的作业纪律,并制定相关的处罚条例,严格执行。收银主管要严格按程序组织并监督收银员的交接班工作,要认真做好记录,以备日后查证。

三、改进损耗管理中的技术性问题

首先,对于消费者自身原因造成的一些损耗,主要采取对消费者进行合理的监督和管理,在"顾客至上"的前提下,对消费者的购买过程进行一定的规范,尤其是一些容易毁损的商品,可以进行适当的导购。监督和管理的尺度要恰到好处,否则适得其反。这是技术性问题之一。

其次,对于易变质、易毁损的商品采取及时付款的办法,比如鲜鱼、鲜鸡蛋、速冻水饺等这些特殊食品,可设立一个专门的店内付款台,等消费者付款后,再允许消费者带走,这种管理策略可以迅速降低这部分商品的损耗。同时,店内打条形码的散装商品,也可以采取这种策略避免偷换条形码。

4.7 实行全员和全过程防损

全员防损即公司所有员工均积极配合并遵守防损管理规定,积极参与防损监督和举报,及时为防损部门提供损耗线索。员工将防损视为自己的本职工作,并确信每一分钱的损耗都关系到自己的切身利益。

任何一项工作流程中的错误都会导致损耗。因此,公司将对每一个可能出现损耗的环节进行有效监控,这就是全过程防损。其关键是:流程合理高效,员工都能按质按量地完成自己的工作。

商场(超市)实行全员和全过程防损的要点如图4-24所示。

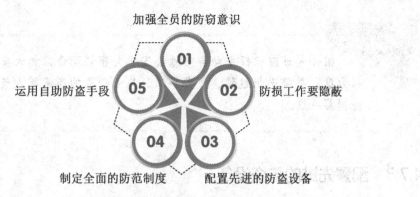

图4-24　全员和全过程防损的要点

4.7.1　加强全员的防窃意识

零售业门店防盗管理,首先要避开"防损是专业部门或相关人员的事,而与己无关"这一认识上的误区。上至经理下至普通员工,防损人人有责,群防群治才能事半功倍。因此,门店要将"培训、通报、检查"六字方针贯穿到整个防盗过程中,所有在职员工(包括厂家信息员、促销员)都要参加防损部门的商品安全保卫知识培训,重点理解商品被盗、丢失、损坏的危害性,熟悉并掌握盗窃分子偷盗心理与动机,摸清其活动的规律,明确各自的防盗重点,全面提升员工防范意识。

防损部门要定期将卖场发生的偷盗事件适时地通报给全体员工,让大家都能随时了解卖场防盗管理的动态,对有突出贡献者予以及时奖励。门店管理层要定期或不定期地对化妆品及其他体积小、价值高的易丢商品进行检查,及时发现防盗漏洞,防患于未然;也可组织班组进行突击互检,这常常能对内盗起到威慑作用。

4.7.2　防损工作要隐蔽

一般而言,大、中型门店都设有保卫部或防损部,其功能有内保与外保之分,外保一般都请专业的保安公司人员担当,内保则由便衣工作人员组成。卖场的问题是,一些门店的内保在防盗中保密性不强,如距离可疑人员太近,目光过于直接,隐蔽性较差,因此要求内保人员在卖场内要注意以下三点。

(1)不要随意与工作人员打招呼(包括工作人员也不要与内保打招呼),以免惊醒可疑人员。

(2)要隐蔽张贴防盗扣、磁卡等。

(3)要熟练使用各种电子商品防盗系统。

> **小提示** 相关人员应积极主动与当地公安机关密切配合,加大卖场的防损力度,并将思想过硬、业务精通、事业心强的高素质人员充实到防损第一线。

4.7.3 配置先进的防盗设备

当前市场上的商场(超市)防盗设备较多,选择适合本门店的防盗设备至关重要,较大的门店大都选择性能优良的电子商品防盗系统。当然,在选用设备前商场(超市)要对设备性能进行考察、反复比较、论证,从适应性、效果、质量、价格、售后服务等多方面进行权衡,从而做出选择。

4.7.4 制定全面的防范制度

防损工作是动态的,各个案例的差异性非常大,所以门店要在常规制度的基础上,适时地、有针对性地根据新情况及薄弱环节不断地进行完善,充分体现"制度面前人人平等,制度大于老板",使防盗管理逐步达到规范化。

4.7.5 运用自助防盗手段

自助行为手段不得违反法律和公共道德,超市经营者虽然有权进行自助行为,但并不意味着可以滥用权利。合理的自助行为必须符合法律规定与公共道德。

在我国现行法律框架内,商家合理的自助行为仅限于暂时滞留盗窃嫌疑者,而无搜查、拘禁和罚款的权利。合理的自助行为发生后,必须提交警方处理,对于暂时滞留的盗窃嫌疑者切忌擅自处理。由于商家自身的过失,误认为消费者偷窃而采取的自助行为,必须承担法律责任。

尽管目前规范商家防盗行为的相关法规仍有待完善,但是商家只要在法律与公共道德范围内合理行使自助行为,依然可以有效地保护自身权益和避免侵权行为的发生。

第5章
卖场促销管理

📖 **导言** ▶▶▶

广泛的促销活动是商场（超市）提升业绩、争取顾客、积极参与同业竞争的有效手段。在日益激烈的商场（超市）竞争中，有效的促销不仅依靠新颖的创意，更需要强有力的执行和规范的操作，才能达到最佳的促销效果，创造良好的经营效益。

5.1 促销的认知

商场（超市）的促销是指商场（超市）通过运用各种广告媒体、各种活动或者宣传报道，向顾客传递有关商品服务信息，刺激消费者购买的欲望，从而实现销售的活动。

5.1.1 促销的概念

促销就是营销者向消费者传递有关本企业及产品的各种信息，说服或吸引消费者购买其产品，以达到扩大销售的目的。

促销实质上是一种沟通活动，即营销者（信息提供者或发送者）发出作为刺激物的各种信息，把信息传递到一个或更多的目标对象（即信息接收者，如听众、观众、读者、消费者或用户等），以影响其态度和行为。

比如，某媒体上发出了这样一条广告语："金兔绵羊绒毛衫——男士的毛衫！"显然，当消费者阅读到这一广告语，立即就可获得如下信息：该毛衫的品牌是金兔牌，是适合男士穿的；毛衫原材料采用的是绵羊绒，属高档产品。

5.1.2 促销的手段

营销者为了有效地与消费者沟通信息，可采用多种方式加强与消费者的信息沟通，以促进产品的销售。

比如，可通过广告传递有关企业及产品的信息；可通过各种营业推广方式加深顾客对产品的了解，进而促使其购买产品；可以通过各种公关手段改善企业或产品在公众心目中的形象；还可派遣推销员面对面地说服顾客购买其产品。

常用的促销手段有广告、人员推销、营业推广和公共关系。零售企业可根据实际情况及市场、产品等因素选择一种手段或多种促销手段的组合。

5.1.3 促销的作用

对于商场（超市）来说，组织商品促销活动，具有图5-1所示的作用。

5.1.4 促销商品的选择

促销商品的主要目的是建立商场（超市）的平价形象，增强竞争的优势，因此在考虑商品结构合理性的原则下，应主要考虑如下商品。

| 作用一 | 架起商场与顾客沟通的桥梁 |

商品的促销可使消费者强烈感受到促销购物带来的好处，从而对该商场（超市）和商品发生兴趣，实现零售企业与消费的沟通

| 作用二 | 激励顾客购买行为 |

一般情况下，消费者的购买行为除了自身消费的需求影响外，还会受到外界因素的诱导，促销有时正是利用可以向顾客提供额外利益来进行活动的

| 作用三 | 突出商场（超市）的企业形象 |

商场（超市）可以利用促销来宣传自己，还可以帮助消费者认识购买本商场（超市）商品所获得的特殊利益，从而在市场上树立企业以诚待客、优惠让利的良好形象

| 作用四 | 抵御竞争对手 |

当竞争对手大规模地发起促销活动时，零售企业也可通过采取相应的促销措施，来有效抵御和击败竞争对手

图5-1　商品促销的作用

（1）具备足够吸引人的价格优势的品牌商品。
（2）主力商品。
（3）新商品。
（4）库存较大的商品。
（5）供应商提供促销支持的商品。
（6）临时性促销商品，例如雨天可临时将雨具堆放在收银台前端销售。

5.2　常见的促销模式

商场（超市）常见的促销模式有图5-2所示的几种。

图5-2　常见的促销模式

5.2.1 开业促销

开业促销是促销活动中最重要的一种,因为它只有一次,而且它是与潜在顾客第一次接触的活动,顾客对该商场(超市)的商品、价格、服务等留下的最初印象将会影响其日后是否再度光临的意愿。

因此,商场(超市)经营者对开业促销活动无不小心谨慎、全力以赴,希望有个好开头。通常商场(超市)开业当天,业绩可能能达到平时业绩的5倍左右。

5.2.2 周年庆促销

周年庆也称为店庆、周年店庆等,它是仅次于开业促销的重要活动,因为每年只有一次。周年庆促销期间,商品供应商大多会给较优惠的条件,以配合商场(超市)的促销。因此,如果规划合理,周年庆的促销业绩往往可达到平时业绩的1.5~2倍。

5.2.3 特价促销

在各种促销模式中,特价促销无疑是假日促销中最直接有效的刺激消费者的方法之一。特价促销又称降价销售、特卖、让利酬宾等,是商场(超市)使用最频繁的促销工具之一,也是影响顾客购买最重要的因素之一。

图5-3 折价促销

5.2.4 服务促销

在商场(超市)的服务促销活动中,促销是目的,服务是手段。常见的方式有:商品介绍服务、订购服务、加工服务、送货服务、维修服务、培训服务、咨询与信息服务以及一些日常便民服务。这些服务项目的开展不仅可以增加商场(超市)每天的客流量,带动商品的销售,还能使商场(超市)在社区内树立良好的企业形象。

5.2.5 折价促销

折价促销是指商场(超市)采用直接降价或折价的方式招徕顾客,如图5-3所示。

例如，某商场（超市）在父亲节那天推出"××"牌剃须刀，原价108元，现价88元，限时2天的活动。

在运用折价促销时，商场（超市）应对是否打折、打折幅度等进行多方面的可行性分析，最后做出科学决策。

5.2.6 会员制促销

会员制促销是通过吸收顾客成为商场（超市）会员，为会员顾客提供更优质服务的一种促销模式。通过实施会员制促销，能够使顾客获得价格优惠，享受优质全面服务。

商场（超市）可以在服务台、收银处等显眼处张贴相关说明，鼓励顾客成为会员。这样既能增加顾客消费量，使顾客享受到各种优惠，也能增加商场（超市）的销售收入。

5.3 常用的促销工具

对卖场来说，一年365天都面临着销售问题。无论淡季还是旺季，面对激烈的市场竞争，卖场销售怎么办？毫无疑问，促销是一个必要的手段。如何合理运用促销工具是每个卖场都要面临的问题。

常用的促销工具如图5-4所示。

图5-4 常用的促销工具

5.3.1 优惠券促销

优惠券是商场（超市）进行促销时发放的，由持券人在指定地点购买商品时享受折价或优惠的凭证。优惠券促销是商场（超市）在促销活动中常用的一种工具。实施优惠券促销可以扭转销售局面，提升消费者兴趣，增加销售量等。具体如图5-5所示。

图5-5　优惠券促销

5.3.2　样品赠送促销

实施样品赠送可以促使新产品顺利地打入市场，提高劣势地区的销售业绩，并且能对公司的形象进行公开宣传。

比如，海飞丝、潘婷、飘柔、舒肤佳等现都已成为国内家喻户晓的畅销产品，宝洁公司之所以能取得如此骄人的成绩，与其成功的样品赠送是分不开的。当初飘柔洗发水进驻深圳市场时，适逢春节将至，宝洁就以某大型商场（超市）为据点，向深圳的广大市民拜年赠送试用品，不到一个月时间，"飘柔"在深圳市民中的知名度就达90%以上，销量直线上升，为宝洁公司其他品牌的进入打下良好基础。

5.3.3　返还促销

返还促销就是商场（超市）为了优惠顾客，将顾客购物所付的款项部分退还给顾客。实施返还促销可以吸引顾客、回馈顾客，激励顾客继续购买。

5.3.4　以旧换新促销

以旧换新促销主要是指以本商场（超市）的旧产品换本商场（超市）的新产

品，并补齐差额。这种促销形式的主要目的是为了巩固和发展商场（超市）的新老顾客，建立顾客对品牌的忠诚度，联络与顾客的感情，本质上是对老顾客的一种回报。

实施以旧换新能有效地刺激顾客的购买欲望，有利于拓展新的市场，有利于树立产品的品牌形象，有利于启动市场、扩大销售额等。

5.3.5 竞赛促销

常见的竞赛形式有：回答内容、征集广告语、征集作品、排出顺序、竞猜等。

5.3.6 抽奖促销

抽奖包括标准抽奖、多次抽奖、启发式抽奖、配对游戏抽奖。

在设计奖品的价值时，应以小额度、大刺激为原则。在竞赛抽奖活动中，兑付给消费者的奖品主要有图5-6所示的两种形式。

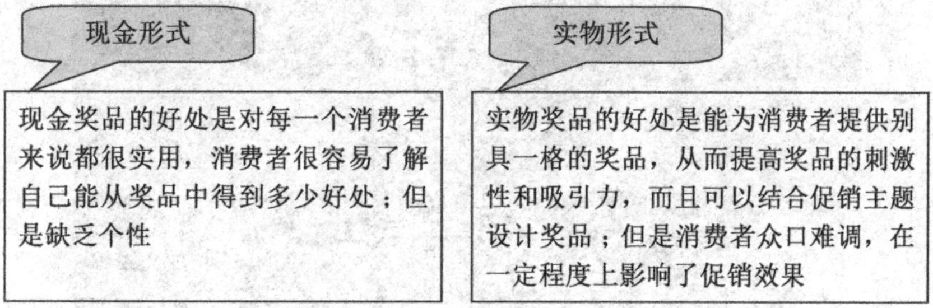

现金形式

现金奖品的好处是对每一个消费者来说都很实用，消费者很容易了解自己能从奖品中得到多少好处；但是缺乏个性

实物形式

实物奖品的好处是能为消费者提供别具一格的奖品，从而提高奖品的刺激性和吸引力，而且可以结合促销主题设计奖品；但是消费者众口难调，在一定程度上影响了促销效果

图5-6 奖品的形式

5.3.7 POP促销

POP（Point of Purchase，是卖点广告的英文缩写，又叫店头陈设）包括购物场所的各种广告形式，如各类吊牌、海报、小贴纸、纸货架、展示架、纸堆头、大招牌、实物模型、旗帜等。POP作为一种促销工具，不论是由供应商制作还是由商场（超市）制作，都能达到一定的促销效果。具体如图5-7所示。

5.3.8 量感陈列促销

量感陈列是指利用卖场的明显位置，大量陈列特定商品，以提高销售量的活动。此活动通常会配合商品折价同步实施，而且所选定的商品必须是周转快、知名度高、有相当降价空间的商品，这样才可充分达到促销效果。具体如图5-8所示。

图 5-7 店门口的POP促销

图 5-8 量感陈列促销效果图

5.3.9 现场演示促销

现场演示促销，即在商场（超市）销售现场，由厂家安排经销商对企业产品进行特殊的现场表演或示范，以及向顾客提供咨询服务。它是现今厂家十分青睐的一种促销方式。实施现场演示促销通常可以达到推广新产品、促进销售、提高产品竞争力的目的。

5.3.10 试吃促销

试吃是指现场提供免费样品，供消费者食用的活动，如免费试吃水果、香肠、水饺，免费试饮奶茶等。对于以供应食品为主要业务的商场（超市）来说，举行试吃活动是提高特定商品销售量的有效方法。因为通过亲自食用和专业人员的介绍，会增加消费者购买的信心以及日后持续购买的意愿。

5.4 促销计划的制订

商场（超市）在进行促销活动前，采购部门需要制订周详而严密的促销计划，按照计划向供应商来采购商品。促销计划的制订可按图5-9所示的步骤来进行。

图5-9 制订促销计划的步骤

5.4.1 建立促销目标

总的来说，促销的目标是向市场和消费者传递信息，以促进销售，提高经营绩效。同时它还有各种各样的具体目标，如鼓励消费者大量购买和重复购买，诱导消费者试用或购买某类产品，吸引潜在消费者走进商场（超市），对零售企业和商品发生兴趣等。

5.4.2 选择促销的方式

促销方式多种多样，商场（超市）应根据具体情况和销售目标，使用一种或组合多种的促销工具，以实现最优的促销效益。

> 小提示
> 商场（超市）选择促销方式时应考虑市场类型、消费者的特点、竞争状况和促销预算，以及每种促销方式的成本效益等因素。

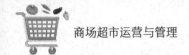

5.4.3 制订促销方案

商场（超市）在制订促销方案时，可按图5-10所示的步骤来进行。

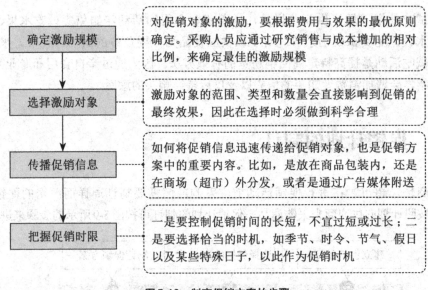

图5-10 制定促销方案的步骤

下面提供一份××商场开业促销方案的范本，仅供参考。

【范本】

××商场开业促销方案

一、活动目的

（1）紧紧抓住本月销售高峰，通过一系列系统性的卖场内外布置和宣传，给顾客耳目一新的感觉，充分营造良好购物气氛，提升本商场对外的整体形象。

（2）通过一系列企划活动，吸引客流，增加人气，直接提升销售业绩。

二、活动时间

12月5日～12月25日。

三、活动主题

为顾客送温暖、送健康。

四、活动宣传计划

（1）海报：根据本商场总体安排。

（2）电视：为期1个月，11月25日～12月25日插播××台，每晚7:30

分播出 30 秒广告。

（3）场内外广告牌宣传。总体要求：活动公布一定要提前、准确无误，排版美观大方，主题突出。

（4）卖场气氛布置。总体要求：节日气氛隆重、浓厚、大气。

五、活动组织计划

分时间段对本次促销活动进行安排，具体如下。

（1）一重惊喜——购物积分送大米！（12月5日～12月11日）

市场分析：目前，积分卡是我们吸引顾客长期实施消费行为的一项有效促销措施，但随着竞争对手的进驻，对方可能会推出更优惠的让利手段，要稳定积分卡客户，势必推出比竞争对手更为有利的政策，削减竞争对手的力量。

活动时间：每晚7:30开始。

活动内容：本商场离不开顾客的支持，为了感谢对本商场长期支持而又忠实的顾客，本商场推出以下超值回报活动。凡于此期间当日晚7:30以后凭积分卡一次性购物，积分满100分送10千克米，满150分送15千克米，满200分送20千克米，满300分送30千克米，满400分送40千克米，满500分以上限送50千克米。如此优惠，如此心动，还不赶快行动！凭积分卡和电脑小票（限当日晚7:30之后小票，金额不累计）到商场出口处领取，送完即止。

（2）二重惊喜——积分卡再次与您有约！（12月12日～12月18日）

活动分析：由于第一周活动的促销力度相当大，不仅会吸引积分卡顾客的消费，更会吸引无积分卡的顾客，那么，怎样满足这批无积分卡的顾客呢？唯一的办法是再次发行一批积分卡，从而扩大积分卡顾客，争取市场份额。

活动内容：狂欢圣诞节，积分卡再次与您有约！只要您在本商场购物满100元，加2元即可获得积分卡一张。这张积分卡除享受以前约定的优惠外，在圣诞节期间享受更超值的优惠、更无限的回报。一卡在手，惊喜时时有！

备注：凭电脑小票（当日小票有效，金额不累计）到商场大宗购物处办理。

（3）三重惊喜——奶粉文化周！（12月19日～12月25日）

活动内容：结合天气和饮食的特点，在此期间重点推出奶粉促销，组织3个厂家进行培训和保健宣传，如惠氏、美赞臣、雅培等，并要求每个厂家提供相应赠品进行赠送和促销，计700份，此期间提供10个特价奶粉。

> （4）四重惊喜——狂欢圣诞节，加1元多一件！（12月25日）
> 活动内容：当日在本商场一次性购物满58元及以上者，均可凭购物小票加1元得一件超值礼品。
> 购物满58元加1元得圣诞帽一顶（限量300顶）。
> 购物满118元加1元得柚子一个（限量300个）。
> 购物满218元加1元得500毫升生抽一瓶（限量300瓶）。

5.5 促销活动的策划

促销活动是提升商品销量，吸引顾客流量的重要手段。促销活动策划就是提前规划好整个活动流程。对此，商场（超市）要做好促销活动的策划工作，为促销活动的顺利完成做好准备。

5.5.1 明确促销主题

开展促销工作，首先就要明确促销主题，常见主题如图5-11所示。

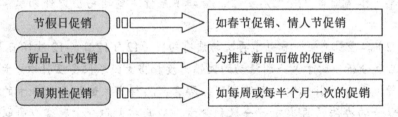

图5-11 常见的促销主题

5.5.2 确定促销周期

无论是哪种促销主题，都要确定促销周期，以便对价格进行调整。节假日促销周期可以提前半个月或一周。

5.5.3 确定促销商品

采购部要确定参与促销的商品类别，主要如下。
（1）节假日促销应选择节假日专供商品，如月饼、粽子等。
（2）提升销量促销和周期性促销要重点选择销量不佳的产品。

5.5.4 确定促销价格

采购部要综合考虑各项因素,确定各商品的促销价格。确定价格时,采购人员要与供应商进行协商供货等事宜。

5.5.5 编制促销预算

编制促销预算要做好图5-12所示的两项工作。

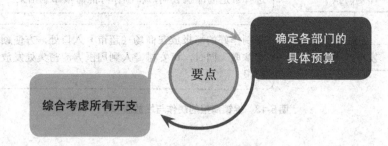

图5-12 编制促销预算的要点

5.5.6 编制策划方案

经过以上步骤,最终编制成策划方案,对促销的各项安排都记录进去,使促销活动按照方案要求逐步开展。

5.6 促销的准备

5.6.1 促销海报的制作与发放

促销海报是用来展示促销商品的重要工具。顾客可以通过促销海报直接了解促销活动的具体内容,并可以根据海报实施购买行为。

促销海报的制作与发放流程如图5-13所示。

5.6.2 促销价格的调整

促销工作中,调价是一项常规工作,调价适合于定期的、批量的促销活动,同时必须按流程进行。具体流程如图5-14所示。

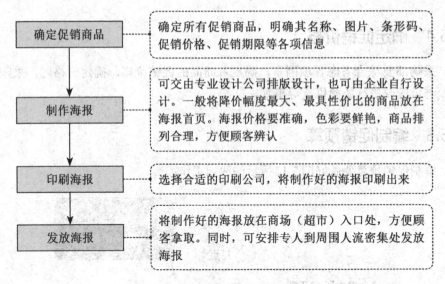

图5-13 促销海报的制作与发放流程

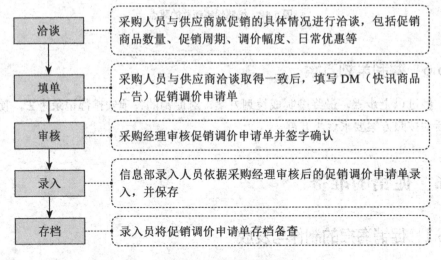

图5-14 促销调价的流程

5.6.3 促销商品的备货

促销商品的销售速度一般很快,因此,采购人员要提前做好备货工作,备足货源。

(1)计算备货量。备货量要根据商品预期销量确定,采购部首先要预估所有促销商品在促销期内的预期销量,然后减去现有存量,即可得出最终备货量。

（2）与供应商协商。促销期间的供货往往会打乱常规供货程序，因此，采购人员要与供应商进行协商，确定各种供货细节。

（3）供应商送货。供应商可按图5-15所示的两种方式送货。

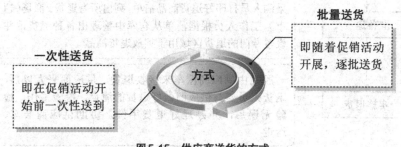

图5-15 供应商送货的方式

（4）验收与储存。仓库验收人员按照常规程序进行验收，并入库储存。

（5）补货。促销活动期间，如果商品销量超出备货量，采购人员要及时通知供应商进行补货，以维持促销活动的继续开展。

> **小提示**
>
> 开展促销活动必须做好备货，防止备货过少很快卖完，导致缺货的发生。因为，一旦发生缺货，顾客可能会认为商场（超市）是在"假促销"。

5.6.4 促销商品的退货

促销前，商场（超市）会进行备货，促销活动结束后，有些商品未能售完，而商场（超市）又不需要过多库存，则需要进行退货。例如中秋节促销，未卖完的月饼应退还给供应商。

促销商品的退货流程如图5-16所示。

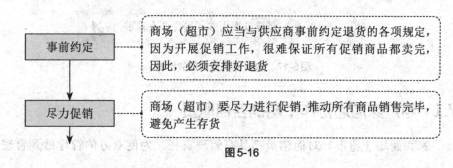

图5-16

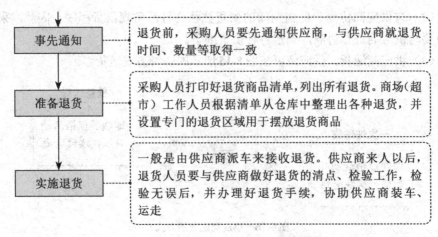

图5-16 促销商品的退货流程

5.7 促销人员的管理

商场（超市）里有许多厂方派驻人员协助销售，称为"促销员"。促销员已经成为商场（超市）经营一线的主力军。促销员工作态度、工作热情、业务技能的好坏对商场（超市）发展有着举足轻重的影响。把促销员工作的积极性、创造性调动起来、发挥出来，无论是对厂家还是商场（超市）都大有裨益。

可从图5-17所示的几个方面，加强商场（超市）促销员的管理。

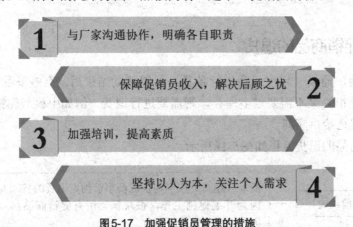

图5-17 加强促销员管理的措施

5.7.1 与厂家沟通协作，明确各自职责

厂家和商场（超市）对促销员都具有管理责任，为使双方的管理做到合理、

有效、不错位、不越位、不缺位，厂家在签订购销合同时，就要明确对促销员的管理责任，把安排促销员的人数、报酬、培训等列入合同条款。

在平常管理中，应注意图5-18所示的两点。

图5-18　对促销员平常管理的工作要点

5.7.2　保障促销员收入，解决后顾之忧

商场（超市）在与厂家签订购销合同时应明确促销员待遇，商场（超市）还要督促厂家与促销员签订用工合同，明确工作岗位、基本工资、提成比例、工作时间、社会保险等内容，消除促销员的后顾之忧。

商场（超市）要经常摸底，了解促销员报酬的到位情况，对工资发放不及时或没有足额发放的，要督促厂家按时、足额发放，必要时可以先行垫付，在与厂家结算货款时进行抵扣，切实维护好促销员的合法权益。

5.7.3　加强培训，提高素质

从实践来看，促销员的招聘由商场（超市）负责，更有利于对促销员的管理。因此，商场（超市）要建立促销员招聘、培训、考核的制度，建立促销员储备库，凡厂家需要促销员时，可到商场的促销员储备库挑选、面试。对于促销员的培训，则应是厂、商互动，各有侧重。促销员培训的主要内容如图5-19所示。

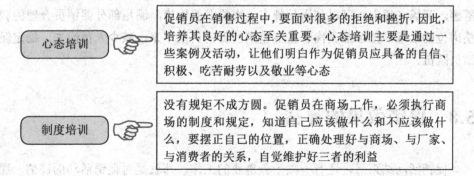

图5-19

促销员只有全面了解自己推销产品的性能特点、与其他厂家同类产品的区别、自身优势，甚至是厂家的企业文化，才能在推销过程中，吸引顾客、说服顾客，让消费者觉得商品可信，产生购买欲望

终端促销是一对一、面对面的促销，在与消费者接触交流当中，促销员的沟通能力、推销能力以及异议处理能力非常重要，要加强这方面的培训，才能更好地抓住客户的心理需求，成功地把商品推销出去

图5-19 促销员培训的主要内容

全方位的培训，不仅能提升促销员的操作技能，也能较好地向其灌输商场的经营理念和企业制度，有利于提升促销员的整体素质，增强他们对企业的凝聚力、向心力，使他们更好地立足本职，做好工作。

5.7.4 坚持以人为本，关注个人需求

商场（超市）要确立促销员是商场员工的观念，要关心他们的生活，尊重他们的意愿，解决他们的困难，促进他们的发展，增强他们在商场工作的亲切感、荣誉感和归属感。

比如，商场（超市）要组织员工与促销员一起，开展一些丰富多彩的文体娱乐活动，让促销员参与到文艺演出、体育比赛、外出旅游、社会捐助等活动中去，让他们体会到在商场这个大家庭工作的乐趣。

也可让促销员参加到商场组织的业务技能比赛、先进员工评比、明星员工评比等活动中去，发现和培养一批销售能手、服务高手、管理巧手，既为企业发展物色、储备人才，也为促销员提供个人成长的机会和舞台。

商场（超市）在逢年过节要一视同仁地落实好促销员福利的发放，减少其失落感。商场（超市）可以利用品牌多、岗位多的优势，满足部分促销员合理的调整岗位的要求，把敬业爱岗、技能精湛的促销员留下来，减少人员流失，稳定促销员队伍。

5.8 促销效果的评估

促销活动结束后，还有一项十分重要的工作，那就是对促销活动的评估。通过每次促销活动的效果，评估促销活动成功或失败的原因，积累经验，这对日后

的发展是必不可少的。

5.8.1 主要评估指标

销售额是衡量超市行业地位的主要指标，毛利是代表盈利能力的标志。而促进商场（超市）销售额增长的途径包括：客流量、客单价和成交率的提高。同时，品牌知名度、忠诚度和美誉度既是企业的无形资产，也是保证销售额持续增长的基础，这些与广告效果、店内商品和服务的组织有直接关系。因此，商场（超市）促销评估的基本指标如图5-20所示。

图5-20　促销评估的基本指标

根据用途、来源和获取方式，这些指标可以分为以下几类。

（1）促销计划指标。商场（超市）一般都有年度促销计划和单次促销活动计划，对某次促销活动的评估一般只涉及本次促销活动计划。一次促销活动的计划中涉及的主要指标和内容除上述基本指标外，还包括图5-21所示的内容。

图5-21　促销计划指标的内容

这些计划指标的实施结果是衡量促销效果的重要依据。

（2）内部业绩指标。指促销期间商场（超市）所实现的上述基本指标。这些指标的获取渠道如图5-22所示。

（3）外部环境指标。外部环境指标是用来评定通过本次促销对企业品牌形象、行业地位、行业影响力的作用。这类指标的获取渠道如图5-23所示。

1. 可以从企业信息管理系统中直接提取，或从企业财务核算中获得，如销售额、毛利额、客流量、客单价、成交率，以及广告宣传费用等

2. 要靠采购人员和门店员工打分评估得来，如促销商品的准备和供应商的配合默契情况等

3. 依据企业管理人员检查考核的结果，如促销活动在超市内部的落实和准备情况等

图5-22 内部业绩指标的获取渠道

渠道一：通过顾客问卷调查和访谈调查来获取，如企业价格、产品质量和服务形象等

渠道二：通过实地调查、资料分析、推算等方式得出，如促销期间竞争对手的反应、市场容量和行业动态等

图5-23 外部环境指标的获取渠道

5.8.2 主要评估方法

评估方法主要有同比分析法、环比分析法和比率分析法三种。

（1）同比分析法。一般选取今年的促销活动期间和上一年同一个促销活动期间进行同期比较。

比如，2016年的"情人节"和2015年的"情人节"进行比较。

（2）环比分析法。选择促销前、促销期和促销后3个时期的数据进行比较。

（3）比率分析法。除了数额变化分析外，还需要进行比率分析，具体如图5-24所示。

图5-24 比率分析的内容

比如，本超市销售额占整个市场容量的比率分析，即市场占有率分析，促销费用占销售额增量或毛利额增量的比率分析等。

5.8.3 查找和分析原因

运用一种或几种评估方法对商场（超市）的促销业绩进行评估之后，一件很重要的事情就是查找和分析促销业绩好坏的原因。促销效果分析内容如图5-25所示。

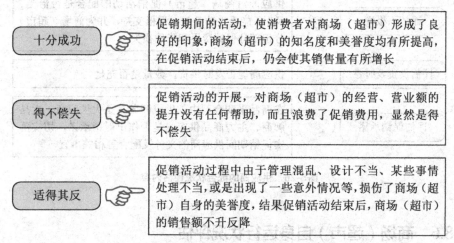

图5-25 促销效果分析内容

5.8.4 促销效果评估

促销效果评估主要包括促销主题配合度、促销创意与目标销售额之间的差距、促销商品选择是否正确、促销成本四个方面，具体内容如表5-1所示。

表5-1 促销效果评估

序号	评估内容	具体说明
1	评估促销主题配合度	促销主题是否针对整个促销活动的内容；促销内容、方式、口号是否富有新意、吸引人，是否简单明确；促销主题是否抓住了顾客的需求和市场的卖点
2	评估促销创意与目标销售额之间的差距	促销创意是否偏离预期；创意虽然很好，然而是否符合促销活动的主题和整个内容；创意是否过于沉闷、正统、陈旧，缺乏创造力、想象力和吸引力
3	评估促销商品选择是否正确	促销商品能否反映商场（超市）的经营特色；是否选择了消费者真正需要的商品；能否给消费者增添实际利益；能否帮助商场（超市）或供应商处理积压商品；促销商品的销售额与毛利额是否与预期目标相一致
4	评估促销成本	促销成本是否得到有效控制，是否符合预算目标

5.8.5 供应商的配合状况评估

供应商的配合状况评估主要包括图5-26所示的几个方面的内容。

评估积极性	供应商对商场（超市）促销活动的配合是否恰当、及时；能否主动参与、积极支持，并为商场（超市）分担部分促销费用和降价损失
评估供货及时性	供应商能否及时供货，数量是否充足
评估促销承诺	在商品采购合同中，供应商尤其是大供应商、大品牌商、主力商品供应商是否作出促销承诺，切实落实促销期间供应商的义务及配合等相关事宜

图5-26 供应商的配合状况评估内容

5.8.6 商场（超市）自身运行状况评估

商场（超市）自身运行状况评估内容如下。

（1）评估总部运行状况。对总部运行状况的评估内容如图5-27所示。

1	评估总部促销计划的准确性和差异性
2	评估总部对各门店促销活动的协调、控制及配合程度
3	评估是否正确确定促销活动的次数，安排促销时间，选择促销活动的主题内容
4	评估选定、维护与落实促销活动的供应商和商品，组织与落实促销活动的进场时间

图5-27 对总部运行状况的评估内容

（2）评估配送中心运行状况。配送中心运行状况的评估内容如图5-28所示。

（3）评估门店运行状况。主要包括评估门店对总部促销计划的执行程度，是否按照总部促销计划操作；评估促销商品在各门店中的陈列方式及数量是否符合各门店的实际情况。

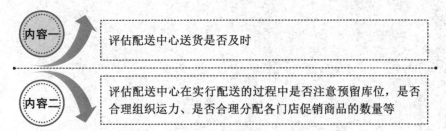

图5-28 配送中心运行状况的评估内容

5.8.7 促销活动经验总结

促销评估工作结束后,商场(超市)还要进行促销活动经验总结,以避免再次出现本次活动中的差错,为下次促销做好准备。总结工作应做好记录,并将各项内容记录存档。

第6章
卖场安全管理

📖 **导言** ▶▶▶

商场（超市）的卖场是相对固定的，而安全服务是动态的，卖场安全管理也是一个非常重要的方面，因为商场（超市）目标市场的覆盖面广泛，前来购物的顾客人数众多，营业时间长，因此安全问题非常重要。

6.1 购物环境的安全管理

商场（超市）要树立以人为本的理念，遵循便捷、舒适、美观、卫生、安全的基本原则，结合商品结构、经营方式和消费群体的具体情况，通过购物环境的改进和提升，创造适宜消费的人文环境和氛围。

6.1.1 环境安全的体现

商场（超市）购物环境的安全体现在其舒适性上，可以细化为图6-1所示的十二个方面。

01 灯光明亮程度与柔和程度
02 装饰风格新颖与艺术性
03 主色调的明快程度
04 地砖的颜色、块形与出售商品的搭配程度
05 货架的艺术造型与便利性
06 商品陈列的风格以及与周围环境的搭配程度
07 顾客休息座椅的设置数量
08 顾客购买饮料的便利程度
09 上下电梯或楼梯的宽敞程度
10 大类商品明显程度
11 卖场温度适宜程度
12 工作人员的服务态度

图6-1 购物环境的安全性体现

6.1.2 环境安全的管理

购物环境的安全与否对人员安全管理有极大的影响，如果管理得很好，员工和顾客的安全就有了一个良好的保证。

（1）溢出物管理。溢出物一般是指地面上的液体物质，如污水、饮料、黏稠液体等。溢出物无论在卖场的任何地方，都必须立即清除。

卖场销售区域的溢出物处理程序如图6-2所示。

第一步	任何员工在发现溢出物时，都有责任进行处理，首先守住区域，请求帮助
第二步	守住溢出物后，不要让顾客和其他人员经过这一区域，及时用正确的方法进行处理
第三步	清理完毕后，如地面未干，请放置"小心地滑"的警示牌

图6-2 溢出物处理程序

如溢出物属于危险化学品或专业用剂，必须用正确的方式清除，必要时需要专业人员的帮助。清除溢出物是为了避免顾客、员工滑倒或其他的人身伤害。

（2）垃圾管理。垃圾是指地面上的货物、废弃物。卖场的垃圾主要指纸皮、废纸、塑料袋等。垃圾管理要求如图6-3所示。

1	垃圾无论在商场的任何地方，都必须立即清除
2	卖场的垃圾，每个员工都有责任将其清除，哪怕只是一块纸皮、一张纸屑或一小段绳子。垃圾正确处理是为了保持干净的购物环境，减少不安全的因素
3	非操作区域的垃圾的处理遵循相应的指示规定

图6-3 卖场垃圾管理要求

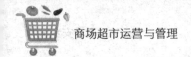

（3）障碍物管理。障碍物指与购物无关、阻碍购物或存放不当的物品。如放在消防通道的梯子，停在销售区域的叉车，散落在通道上的卡板、商品等，都是障碍物。

正确处理障碍物能消除各种不安全的因素，使物品摆放在应有的区域而不脱离员工的管控范围。

（4）商品安全管理。它主要是指商品陈列的安全，不仅指商品是否会倾倒、掉落等，也包括价格的标识牌是否安全可靠。货架的陈列用一定的陈列设备进行防护，堆头陈列的高度有一定的限制。货架的商品库存存放必须符合安全标准。

6.2　卖场设备的安全管理

设备安全管理不仅对员工重要，而且对顾客也很重要。商场（超市）常用的设备有货架、购物车（篮）、叉车、托板/卡板及电梯等。

6.2.1　货架安全

在商场（超市）中，必须注意货架不能过高，摆放要平稳，位置要适当，不能有突出的棱角，以免对顾客或员工造成伤害，同时货架上的商品应堆放整齐，不能过高。

6.2.2　购物车安全

商场（超市）应经常检查购物车（篮）是否损坏，比如断裂、少轮子等；是否存在有伤人的毛刺；购物车是否被顾客推离停车场的范围；购物车是否零散地放在停车场内。

6.2.3　叉车安全

对卖场内叉车，可按以下要求进行管理。
（1）使用手动叉车前，必须经过培训。
（2）叉车叉必须完全进入卡板下面，将货物叉起，保持货物的平稳。
（3）叉车在使用时，必须注意通道及环境，不能撞到他人、商品和货架。
（4）叉车只能一人操作。
（5）叉车空载时，不能载人或在滑坡上自由下滑。
（6）叉车不用时，必须处于最低的状态，且存放在规定的地方。

（7）叉车的载重不能超过极限。
（8）损坏的叉车必须进行维修或报废，不得使用。

6.2.4 托板/卡板安全

对卖场内的托板/卡板，可按以下要求进行管理。
（1）已经断裂或霉变的卡板要停止使用。
（2）搬运木制的卡板时，请戴好防护手套。
（3）不要在积水多的部门使用木制卡板，如生鲜部门的操作区域或冷冻、冷藏库内。
（4）空卡板不能竖放，只能平放或平着叠放。
（5）空卡板必须及时收回到固定的区域，严禁占用通道、销售区域及超市的各出口。

6.3 卖场设施的安全管理

顾客在选购商品时，不安全的卖场设施也会给顾客造成伤害，因此，需要特别注意图6-4所示的事项。

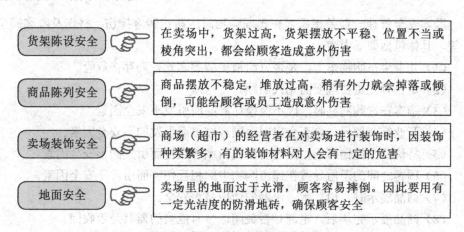

图6-4 卖场设施安全管理注意事项

6.4 卖场人员的安全管理

商场（超市）经营管理应把人员安全管理放在相当重要的位置，安全高于一切。人员安全管理应包括员工与顾客两方面，一方面为员工创造舒适的工作环境，另一方面为顾客营造一个安全优美的购物环境。

6.4.1 员工安全管理

员工安全管理的主要内容如图6-5所示。

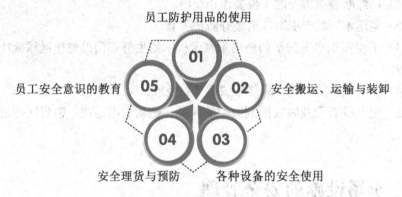

图6-5 员工安全管理的内容

6.4.2 顾客安全管理

顾客安全管理一般是指顾客在卖场购物时应防止顾客摔伤、挤伤及顾客间争斗等，具体包括如下内容。

（1）儿童坐在购物车上，是否有广播提醒顾客此行为存在危险。

（2）是否有儿童在玩耍而无人照顾。

（3）顾客在选购商品时，因不慎损坏商品而引发不安全因素。

（4）开业或节假日，是否会出现由顾客过多而引发的不安全因素。

（5）特价商品促销时期，是否会出现由顾客哄抢而引发的不安全因素。

（6）顾客之间的矛盾导致在超市购物中的相互伤害而引发不安全因素。

（7）商品展示时，电、水、电器的使用是否安全。

（8）商品展示完毕后，电源是否关闭，带有危险的器具是否收回。

（9）商品展示台是否过大，导致通道过窄，引起拥挤。

6.5 卖场治安巡逻管理

为了确保卖场内部与外围的安全，及时发现安全隐患，维护卖场的治安，商场（超市）应加强卖场的治安巡逻管理。

6.5.1 巡逻要求

保安员须按规定时间进行巡逻，在巡逻过程中报告并消除各类影响商场（超市）顾客、商户和公共设施设备安全的行为或隐患。保安主管负责检查保安员的巡逻情况。

6.5.2 巡逻程序

保安员在巡逻过程中，可按图6-6所示的要求进行。

1	各班接岗后由保安主管首次巡查卖场，了解卖场情况
2	如无特殊情况，每轮巡逻必须在规定时间内完成
3	巡逻过程中要注意观察，眼、鼻、耳、脑并用，如发现异常情况须在巡逻记录表上详细记录，如情况紧急、重大，必须马上向当值领班或主管报告
4	对卖场监控盲区、防范死角及重点部位要重点巡查

图6-6　卖场巡逻要求

下面提供一份××商场巡逻保安员岗位职责的范本，仅供参考。

【范本】

商场巡逻保安员岗位职责

1.熟悉商场地形及消防设备的分布和使用知识。

2.巡逻员必须认真巡视，如有无人员乱按电梯、按坏或不按规定使用电梯，如有违反，一经发现，必严肃处理。

3.在巡逻中应认真检查平常人不易到达的角落，查看有无损坏商场内公共设备、设施和商户私人财产物品的情况，如有损坏，立即报告有关部门处理。

4.在巡逻中发现形迹可疑的人，立即进行查询；若发现推销人员在楼层散发传单、名片或乱拉业务，要进行制止。

5.巡查所辖区域的治安消防工作，特别注意：大厅、走廊、机房控制室、

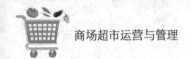

卫生间均为禁火区。

6. 如遇到装修，巡逻人员应查看是否占用公共消防设施的场地，是否破坏消防设备，有无火灾隐患。

7. 制止吸烟行为、商户之间的纠纷、打架斗殴事件，防止事态扩大，影响卖场秩序。

8. 掌握商场内的客人动态，维护商场区域秩序，注意发现可疑情况，并及时报告。

9. 提高警惕，防止冒充顾客而进行扒窃、盗窃或诈骗财物的人员。

10. 查看有无物品或杂物阻碍或占用公共场所的现象。

11. 查看商场内有无烟火、水侵等异常现象，如发现及时报告。

12. 大件物品搬离商场时，出入口值班人员未发现或对方未出示证件却放行，这种情况要进行询问并要求对方出示相关证件。

13. 对商场非法拍照、摄像行为及时进行制止和管理。

14. 做好巡视记录，按规定程序进行交接班。

15. 负责开启各层电子显示屏。

16. 负责滚梯、观光梯的人流控制和安全防范。

17. 夜场保安每一小时巡场一次，并做好夜间巡场记录。

6.6 卖场突发事件的处理

为了规范保安员处理突发事件（火警、火灾除外）的程序，提高对突发事件的应急处理，维护卖场的正常营业秩序，商场（超市）应加强对突发事件处理的管理。

6.6.1 盗窃

（1）当值保安员发现有盗窃现象或接到盗窃举报时，立即用通信器材（对讲机或电话）向保安主管报告现场的具体位置，然后留在被盗窃现场，或迅速赶赴被盗窃现场，维护现场秩序，保护现场，使用警戒线隔离，禁止一切人员进出现场。在此过程中，应注意图6-7所示的事项。

（2）保安主管接到报告后立即用通信器材指挥调遣保安员对现场进行保护，并迅速赶赴现场指挥，同时根据案情向上级汇报，必要时立即打110报警请求支援。

1. 保安员到达现场后立即了解被盗的时间及情况

2. 保安员到达现场前,若盗窃人员已逃离现场,可用电话或对讲机报告,但在使用对讲机频道时不应随意泄漏案件的性质

3. 保安员到达现场时,如盗窃人员仍未逃跑或已被抓捕,可使用对讲机向保安主管报告

图6-7　保安员发现盗窃情况时的注意事项

保安主管到达现场后立即了解案情及相关资料,根据案情作出布置,具体如图6-8所示。

1. 对了解到的案情信息及收集到资料进行甄别

2. 对了解到的案情信息及收集资料进行分析总结后向主管上级汇报,请其作出进一步工作指示

3. 必要时立即打110报警请求支援

图6-8　保安主管到达盗窃现场后的布置

(3)主管上级收集有关资料及信息后,根据案件损失及影响的大小向公安机关/副总报告案情。

6.6.2　打架斗殴

(1)当值保安员发现有打架斗殴或接到打架斗殴的举报时,应按图6-9所示的要求处理。

第一步	应立即上前制止或迅速赶赴现场进行制止,防止事态扩大而造成不必要的损伤
第二步	对事态轻微的事件进行劝阻或调解
第三步	对事态严重或造成不良影响的打架斗殴事件,立即打110报警由公安机关处理

图6-9

第四步	应立即用通信器材向保安主管报告具体位置、已伤的人数、参与打架斗殴的人数以及请求支援的范围
第五步	将现场围观的人员隔离或劝离现场，维护现场的道路交通秩序，保护好现场

图6-9　当值保安员处理打架斗殴事件的程序

（2）保安主管接报告后，立即用通信器材指挥调遣现场附近的保安员对现场进行保护，并迅速赶赴现场指挥，根据现场的事态作出图6-10所示的布置。

- 向主管上级汇报，请其作出进一步的工作指示
- 向主管上级汇报，请求调动其他部门保安员增援
- 打电话给120，将现场的伤员送到医院救治

图6-10　保安主管到达打架斗殴现场后的布置

（3）主管上级接到报告后要迅速赶赴现场，收集有关资料及信息后做好工作安排，处理善后的工作，如果事态严重造成人员伤亡，应立即与公安机关协调有关的处理工作，并报告副总。

6.6.3　抢劫

（1）当值保安员在巡逻中发现有抢劫行为或接到有抢劫举报时，应按图6-11所示的程序处理。

第一步	应立即上前制止该违法犯罪行为或迅速赶赴现场制止，并对现场进行保护，同时用通信器材向保安主管报告
第二步	如犯罪嫌疑人仍在现场，应将其控制住并打110报警，协同公安干警将其抓捕，由公安机关处理
第三步	向事主了解在被抢劫过程中人身是否受到伤害及财物的损失情况，如事主受伤则应视其伤势的具体情况打120求援，协助送医院救治
第四步	若犯罪嫌疑人已逃离现场，保安员应及时通知公安机关，再根据公安机关的指令进行积极配合

图6-11　当值保安员处理抢劫事件的程序

（2）保安主管接到报告后，立即用通信器材指挥、调遣案发现场附近的保安员和机动保安员对现场进行封锁和保护，并迅速赶赴现场指挥。到达现场后立即了解案情及相关资料，根据案情需要及时作布置，具体要求如图6-12所示。

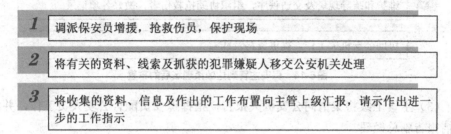

图6-12 保安主管到达抢劫现场后的布置

（3）主管上级接报告后立即赶赴现场，指导保安主管处理善后各项工作，上报公安机关及公司副总，积极配合公安机关工作。

6.6.4 凶杀

（1）当值保安员巡逻中发现有凶杀行为或接到凶杀举案时，应按图6-13所示的程序处理。

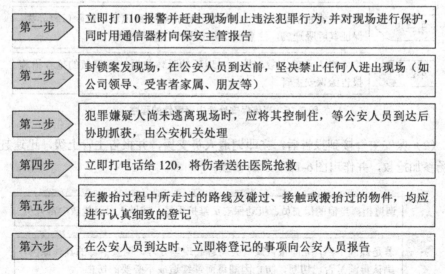

图6-13 当值保安处理凶杀事件的程序

（2）保安主管接报后立即上报主管上级和副总，并迅速赶赴现场指挥，具体如图6-14所示。

127

1	调遣指挥现场当值的保安员和机动保安员对现场进行警戒封锁，严格检查出入人员
2	维护和疏导现场及交通秩序，组织协助抢救伤者，做好各项记录
3	协助公安机关工作，提供资料及线索

图6-14　保安主管到达凶杀现场后的布置

（3）主管上级将案情向公安机关报告，指挥保安员配合公安人员工作，并将案情报告副总经理。

6.6.5　中毒事件（如商户食物中毒、煤气中毒等）

（1）当值保安员在巡逻中发现有中毒情况或接到中毒事件报告时应按图6-15所示的程序处理。

第一步	应立即用通信器材报告保安主管，并留在现场或赶赴现场切断毒源，使毒物不再继续扩散，疏散现场周围的围观者
第二步	对煤气中毒者，尽快将中毒者撤离现场，将中毒者移到空气通畅处，松开衣扣和腰带，并打120求助抢救中毒者，打110报警
第三步	对其他类别的中毒者，应尽快将中毒者撤离现场，消除口腔异物，保证其呼吸通畅，注意保温并立即送往医院抢救
第四步	将中毒人员的人数、地点（现场的具体位置）及已做的抢救措施报告给保安主管

图6-15　当值保安处理中毒事件的程序

（2）保安主管接到报告后，立即调遣人员支援，并报告主管上级，迅速赶赴现场参加抢救，并作出图6-16所示的布置。

1	调遣指挥当值的保安员、机动保安员维护现场，疏散人员及抢救中毒人员
2	若是煤气中毒，立即报告煤气公司赶赴现场处理，调查中毒的具体原因，确认毒源是否已切断，防止因漏毒而继续造成不必要的伤亡
3	亲自护送中毒者到医院抢救，并将抢救情况及时报告副总

图6-16　保安主管到达中毒现场后的布置

(3)主管上级将情况通报有关部门,具体程序如图6-17所示。

第一步	若中毒事件是由犯罪行为所致,应及时向公安机关报告
第二步	将中毒情况通报给医院,请示救援
第三步	通知中毒者家属,进行对外协调工作

图6-17 主管上级处理中毒事件的程序

6.7 卖场节假日安全管理

商场(超市)人员密集,确保顾客人身安全是头等大事。特别是节假日期间,卖场促销活动多,人员聚集度高,安全隐患多,发生意外事故的风险较大,更应加强安全管理。

下面提供一份××商场春节期间安保方案的范本,仅供参考。

【范本】

××商场春节期间安保方案

为了确保节日期间商场的运营安全,明确职责,落实任务,根据春节期间安全工作会议精神及要求,制定具体工作方案如下。

一、指导思想

以春节期间安全工作会议精神为指导,深入贯彻落实××市关于节日安全工作的整体部署,结合本商场实际,坚持统一领导,全方位行动起来,最大限度地减少不安全、不稳定因素,为确保"平安节日"和构建平安商场创造良好运营环境。

二、组织领导

成立"节日安保工作"领导小组,负责节日安保工作的组织协调、指导和情况综合等事宜。

组长:×××

组员:×××、×××、×××

办公地点:×××

电话:×××××××××

三、主要任务

（一）重点做好节日安保工作，确保节日期间平安运营。

自即日起，马上集中开展一次安全教育和隐患排查活动，尤其是要重点做好安全隐患的排查工作。要不断加大整改隐患的力度，要落实好"安全第一，预防为主，综合治理"的工作方针，要切实增强平安运营工作的危机感和紧迫感，并随时做好准备接受各级检查组的督导检查。

从即日起直至节日结束，全员都要保持旺盛的精力和严谨的工作作风，要以不低于去年的工作热情去迎接今年节日的安保工作，要保证节日安保工作"标准不变，内容不减，力度不降"，并迅速行动起来，为节日安保做好一切准备工作。要做到思想上高度重视，组织上周密到位，措施上有力高效，确保在此期间本商场的安全。

（二）要认真梳理平安运营可能存在的隐患，有重点、有针对性地做好工作。

平安运营工作，涉及方方面面。要认真梳理好安全工作存在的突出问题，要积极做好自查，自查要突出重点；要采取有效措施，有针对性地加强薄弱环节，增强防范意识和能力。

一是要把防止商场出现拥挤踩踏事故放在突出的位置。要把商场拥挤踩踏事故作为预防的重点，建立针对预防拥挤踩踏事故的措施；要从实际出发，在开店、运营、闭店的时间，安排小组成员负责维持秩序。

二是要有针对性地加强员工的安全教育和管理。要结合安全教育活动的开展，有重点地加强员工的安全教育；要通过举办专题培训、组织现场演习等形式，教育员工遵守相关规定，自觉维护商场秩序。

三是要加强对各项卫生状况的检查与监督。要防止出现食品中毒或传染病大面积流行，加强导购员工饮用水的管理，严防各种食源性疾病的发生；要确保经营场所的通风与清洁卫生，消除传染病发生和流行的条件；要建立健全传染病疫情监控与报告制度，随时了解员工出勤、健康情况，一旦发现传染病病人，要及时向当地的疾病防控部门和地方政府报告。

四是要有效预防商场周边和内部暴力伤害事件的发生。要对员工进行有关心理健康基本知识的培训；对商场周边发生的及员工之间发生的各种暴力行为，要做到及时发现，及时解决；要主动与派出所、消防局、商务局进行沟通、协商，做好全面沟通工作，积极预防违法犯罪和暴力伤害事件的发生。

五是要开展经常性的安全检查工作，发现隐患及时消除。要将安全工作纳入常规检查内容当中，建立安全工作定期检查制度，把握检查的各个环节，确保不漏死角和盲点；发现问题和隐患，要及时整改到位，一时难以整改到位的，要制订出详细的整改计划和预防措施，分步完成整改任务。

（三）要进一步强化安全工作的责任意识，不断完善各项责任制度。

要继续深入贯彻安全工作"一岗双责"制，严格落实安全生产工作"一把手"负责制，商场"一把手"作为本单位安全工作的第一责任人，要亲自关注安全工作，把安全生产提到工作的重要议事日程上来；分管领导要集中精力，切实负起责任。要统筹兼顾，全面设防，绝不能出现丝毫的疏漏和大意，要做到管好自己的部门，管好自己的人，做到事发前有预防；发生问题及时妥善处理；事发后要认真总结，吸取教训，并制定整改措施，形成一系列标本兼治、行之有效的措施。

要建立健全公司内部安全管理工作的规章制度，制定、完善重大安全事故应急处理预案；要将每个岗位的安全责任，逐步细化，分解落实到人，落实到每项工作，每个环节；要将安全生产、安全管理纳入对公司各个部门的考核管理范畴，逐级签订安全责任书，建立覆盖所有工作环节的安全责任体系，努力构建统一领导、相关部门各自负责、全体员工广泛参与和支持的安全工作格局。

（四）其他任务。

一是组织开展对商场内可能存在的管制刀具及其他危险物品的清查收缴工作。

二是切实提高安全意识，开展商场消防隐患整治行动。

三是加强值班住宿，做好防电、防火、防盗工作，确保商场平安。

四、工作要求

（一）加强领导，提高认识，落实责任。

要立即召开相关会议，传达本方案精神，制定本商场节日安全保卫方案，周密部署，逐项落实本方案任务及要求。要成立节日安保工作组织机构，确定负责此项工作的主管领导和联络员。

（二）结合实际，加强教育，注重实效。

节日前安全教育要结合实际，丰富内容，创新形式，注重实效。要增强广大员工安全意识和安全法制观念，营造浓厚的安全生产氛围。

（三）确保通讯畅通，信息及时上报。

小组领导及相关工作人员要保证通信24小时畅通。

6.8 卖场消防安全管理

消防安全管理是指防止火灾、水灾，进行灭火及其他灾情处理的专门工作。卖场的消防安全管理方针应是"预防为主，防消结合""以防为主，以消为辅"，重点抓好防火及灭火工作。

6.8.1 完善卖场的门店消防系统

门店消防系统主要有五大部分，如图6-18所示。

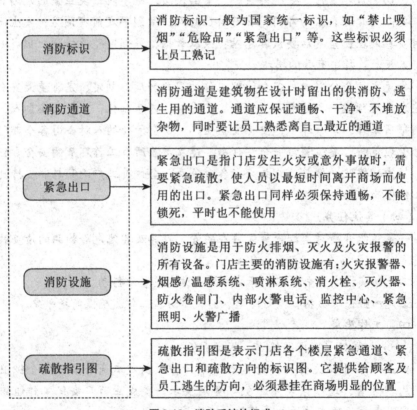

图6-18 消防系统的组成

6.8.2 建立消防安全管理组织

建立消防安全管理组织是实施消防安全管理的必要条件，消防安全管理的任务和职能必须由一定形式的组织机构来完成。一般商场（超市）的消防安全管理机构，是防火安全委员会或防火安全领导小组。企业的法人代表或主要负责人应对企业的消防安全工作负完全责任。规模较大的商场（超市）可设置如图6-19所示的防火安全委员会，规模较小的可设置防火安全领导小组（图6-20）。

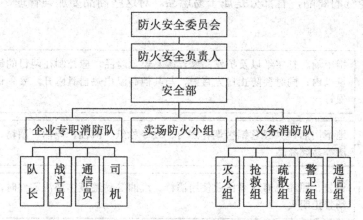

图6-19　防火安全委员会的组织架构

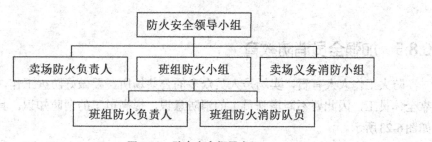

图6-20　防火安全领导小组

6.8.3　加强明火管理

卖场的顾客流量大，其中不乏吸烟者，随意乱扔烟头往往会造成火灾。因此，卖场应加强明火管理，具体措施如图6-21所示。

① 禁止吸烟。在卖场入口处应该设置一块"禁止吸烟"的标志牌

② 卖场在设备安装、检修、柜台改造过程中，营业区与装修区之间应进行防火分隔

③ 进行电气焊（割）作业时，应在动火作业前，履行用火审批手续，且现场必须有人监管，预先准备好灭火器，随时做好灭火的准备

图6-21　加强明火管理的措施

6.8.4 加强易燃品管理

卖场经营的商品,有部分是属于易燃品。对这些商品要加强管理,要求如图6-22所示。

1. 指甲油、打字纸以及护发品摩丝等易燃危险品,应控制在两日的销售量以内,同时要防止日光直射,与其他高温电热器具隔开,妥善进行保管

2. 地下门店严禁经营销售烟花爆竹、发令枪纸、汽油、煤油、酒精、油漆等易燃商品

3. 钟表、照相机修理等作业使用酒精、汽油等易燃液体清洗零件时,现场禁止明火

图6-22 加强易燃品管理的要求

6.8.5 加强全员消防教育

防火工作人人有责,卖场是人员众多的公共场所,要做好防火工作,必须依靠全体员工,因此要不断增强员工的消防意识,提高员工的消防知识。具体措施如图6-23所示。

1. 大量的火灾资料说明,火灾的发生大多是违反规定、不懂灭火知识所导致的,因此卖场每年都必须结合业务特点、季节变化,把防火教育作为重点,同时教会员工及时报警,正确使用灭火器、室内消火栓,使其具备扑灭初期火灾的本领

2. 有条件的可讲解燃烧原理、燃烧三要素,与业务工作相关的防火知识和发生火灾后的处置方法等,使全体员工懂得防火、灭火的常识

3. 卖场还可以利用广播、标语等向每位员工和门店内顾客宣传消防知识和防火基本常识

图6-23 加强全员消防教育的措施

6.8.6 加强消防设施、器材的管理

消防设施与器材是卖场员工与顾客人身安全的重要保证,对其进行管理的目

的是保证其性能灵敏可靠,运行良好。管理要点如图6-24所示。

① 卖场中所有的消防设施、灭火器材都必须建立登记档案,包括它们的分布图,安全部、工程部各留档案备案

② 保安部全权负责门店所属的消防报警设施、灭火器材的管理,负责定期检查、试验和维护修理,以确保性能良好

③ 消防器材应在每月及重大节日庆典之前进行全面检查,消火栓、灭火器等设备应进行特别检查和试喷,并签字确认

④ 卖场各部门义务消防员应对本区所辖的消防器材进行管理及定期维护,发现问题及时上报

⑤ 非专业人员不得私自挪用消防器材

⑥ 消防器材放置的区域不能随意挪动,或改作商品促销区域

⑦ 消防器材,特别是灭火器,必须按使用说明进行维护,包括对环境的特殊要求和放置的特殊要求

⑧ 做好消防设备的检查

图6-24 消防设施、器材的管理要点

相关链接

消防设备应检查什么

对于商场(超市)来说,消防设备的检查应包括以下内容:
(1)室外消火栓试放水压是否合乎标准;
(2)消火栓开关是否维护良好;
(3)水带箱内装备是否齐全;
(4)消防水带是否保持干净正常;
(5)消防设备是否有明显标识,并容易取用;

（6）消防器材室是否不易被火灾波及；
（7）消防器材室是否离可能的失火场所太远；
（8）火警报警器是否正常；
（9）车辆是否按规定备有消防器材；
（10）消防器材是否失效；
（11）灭火器检查卡检查记录是否保持良好；
（12）灭火器是否坚持在指定地点挂置；
（13）消防器材周围是否有阻碍物堵塞。

第7章 提升服务质量

📖 导言 ▶▶▶

> 商场（超市）的顾客在购买商品的同时，应享受到高质量的服务，这不仅是使顾客满意的重要内容，而且也是商场（超市）在激烈的市场竞争中能更好地生存和发展的关键。

7.1 卖场服务的含义

卖场服务是指商场（超市）在商品销售过程中，为顾客提供的各种劳务活动的总称。

7.1.1 卖场服务管理的目的

卖场服务是个大范畴，目的是满足顾客在购买商品时的各种意愿，从而促进商品的销售。所以，卖场服务工作的含义如图7-1所示。

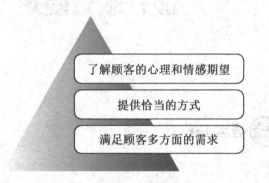

图7-1 卖场服务工作的含义

7.1.2 卖场服务管理的难度

随着物质和文化生活水平的提高，消费者不仅在需求的层次上逐步得到提高，而且需求的内容也日益多样化。他们在商场（超市）购物时不但希望能买到称心如意和质量上乘的商品，同时更渴望受到他人的尊重，享受精神上的满足。商场（超市）的服务工作要满足顾客的这种需求，当然这会增加商场（超市）工作的难度。与为顾客提供物质商品相比，为顾客提供无形服务的难度更大些，原因如图7-2所示。

① 服务由于具有无形性，只能最终根据顾客的感觉对其作出评价，而服务的一次失误对顾客而言可能就是全部，因此很难挽回影响

② 服务的时效性极强，而服务又不能储存，特定时间内不做或做错，再想做也来不及，想纠正也没机会

第7章 提升服务质量

服务的生产、销售和消费是同时并存和同步完成的,没有可能在送交顾客之前进行检验,因此,也就没有返工和重来的余地

面对顾客需求的多样性和差异性,商场(超市)为顾客提供的服务不可能完全依靠机械化和标准化的服务过程

图7-2 卖场服务管理的难度

综上所述,商场(超市)必须在不断提高员工素质的基础上,以标准化为基础,以内在的行为准则为核心,灵活地为顾客服务。

7.2 卖场服务的类型

卖场服务的类型是指从销售过程、投入的资源、顾客需要的不同角度对卖场服务进行划分而形成的不同类型。

7.2.1 按销售过程分类

卖场服务按销售过程分类,可分为图7-3所示的三类。

图7-3 按销售过程对卖场服务分类

(1)售前服务。售前服务即在商品出售以前所进行的各种准备工作,目的是向消费者传递商品信息,引起消费者的购买动机。这一阶段的服务包括图7-4所示的内容。

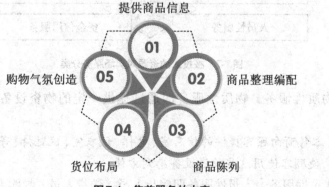

图7-4 售前服务的内容

（2）售中服务。在有人员服务的商场超市中，售中服务表现为售货人员在与顾客交易的过程中提供的各种服务，包括图7-5所示的内容。

图7-5　售中服务的内容

（3）售后服务。售后服务即商品售出后继续为顾客提供的服务。一般来说，商场超市向顾客交付了商品，顾客向商场超市支付结束，销售已基本完成。但对于一般的大件商品、高技术产品，消费者购买后在商品运送、使用过程发生问题时，卖场要提供进一步的服务。这类服务的目的是使顾客对商场超市感到满意，使其成为商场超市的回头客。售后服务主要包括图7-6所示的内容。

图7-6　售后服务的内容

7.2.2　按投入的资源分类

卖场服务按投入的资源分类，可分为图7-7所示的四类。

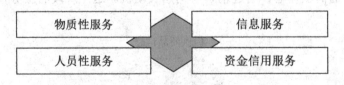

图7-7　按投入的资源对卖场服务分类

（1）物质性服务。物质性服务即通过提供一定的物资设备、设施为顾客服务。

比如，零售商向顾客提供的信息室、电梯、试衣室、试鞋椅、寄存处、购物车、停车场等，使顾客使用这些物资设备感到方便。

（2）人员性服务。人员性服务即售货人员、送货人员、导购人员、咨询人员等提供的服务。他们提供的服务主要是劳务和信息的服务。

> **小提示**
> 零售业的服务人员要与顾客进行面对面接触,他们的形象和素质往往对商场(超市)的形象有最直接的影响,这也是消费者评价商场(超市)服务质量的一个重要标准,因此,要给予充分重视。

(3)信息服务。信息服务即向消费者传递商场(超市)与所提供的商品等方面的信息,使顾客了解商家、了解商品,帮助顾客作出适当的购买决策。零售商提供的信息主要包括图7-8所示的内容。

图7-8　信息服务的内容

(4)资金信用服务。资金信用服务即提供消费者信贷,如提供赊销商品、分期付款、信用卡付款等。在提供信贷服务时,零售商应考虑自身的承受能力及消费者的偿还能力,但同时也应避免审查手续过于复杂,反而影响消费者的热情,损害商场(超市)的形象。

7.2.3　按顾客需要分类

卖场服务按顾客需要分类,可分为图7-9所示的三类。

图7-9　按顾客需要对卖场服务分类

（1）方便性服务。方便性服务即对顾客浏览选购商品提供便利。这类服务是任何业态的商家都应该提供的服务，也是商场（超市）的基本服务，能满足顾客购物的基本需要。这类服务主要包括图7-10所示的内容。

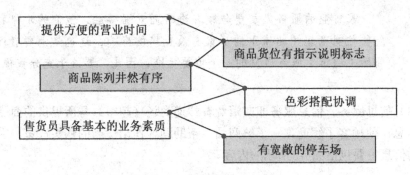

图7-10　方便性服务的内容

（2）商品购买的伴随性服务。商品购买的伴随性服务即针对顾客在获得商品的过程中的要求提供服务。这类服务与购买商品有直接联系，也是商场（超市）提供的促销性质的服务，主要包括图7-11所示的内容。

图7-11　商品购买的伴随性服务的内容

（3）补充性服务。补充性服务即对顾客期望得到的非购买商品的需求提供服务。这类服务对顾客起着推动作用，辅助商场（超市）成功经营，也可以说是推销性的服务。这类服务主要包括图7-12所示的内容。

图7-12　补充性服务的内容

这类服务能有效地吸引顾客，留住顾客，提高了顾客在停留时间的购买机会，同时也有助于体现商场（超市）的服务特色，树立商场（超市）的良好形象。

相关链接

商场（超市）常见的服务项目

商场（超市）的服务形式多种多样，下面介绍一些较常见的服务项目。

1. 预订购物

对于市场上名牌的耐用消费品，为了满足顾客的消费需求，可以在成交前由顾客预交一定比例的订金，货到后商场（超市）按预定顺序结算付款。

这种服务的优势表现在，可以使顾客提前获得购买名牌耐用消费品的拥有感，并加快商品的销售速度。

2. 设置问讯处

问讯处一般设在商场（超市）底层的中心，工作人员往往是笑脸常开、精通业务的年轻女性。问讯处工作人员的主要任务，是让所有踏进商场（超市）的顾客高兴而来，满意而归。他们会热心地向顾客介绍商场（超市）的布局，指导顾客到他们想去的柜台，有的还充当购物的参谋。有的问讯处还设有缺货登记簿，请顾客留下所需货品名称、数量及联系方法，一旦有货，立即通知顾客，或者送货上门。除此之外，问讯处一般还负责大额货币兑换、出借电话、出售月票等工作。

3. 金融方面的服务

零售商场（超市）在通常情况下是以现款交易为主，但是为了消费者购物方便及大金额的交易，商场（超市）还提供如下金融方面的服务。

（1）信用卡付款。顾客使用银行或商场（超市）自己发行的信用卡购物，可以省去携带大量现金的麻烦和不安全感。

（2）分期付款。分期付款服务，一般是对价格较高的商品，在售出时只要求购买者先付一部分货款，顾客可以在买回商品后的一定时期内每期偿还一部分，期满结清货款。这种服务既可以帮助顾客解决想买商品而又暂时财力不足的矛盾，又有利于加速商场（超市）商品和资金的周转，提高经济效益。

（3）赊销。赊销是商场（超市）提供的最受欢迎的服务项目之一，它允许顾客先把商品买回家，晚些时候再付款，所以它也是一种花费比较大的服务。但是，只要处理得当，是可以为商场（超市）增加收入的，因为它可以推动顾客购买，为商场（超市）带来更多的营业额。当然，如果赊销政策过于宽松，也可能使商场（超市）利润减少。

4. 包装服务

为顾客购买的商品予以妥善包装，是商场（超市）服务中不可缺少的项目。商场（超市）一定要使所提供的包装服务，与所经营的商品，以及商场（超市）的形象相适应。薄利多销的食品、杂品，只要简单地放在袋中，就可以了；高级服装则往往放在合适的盒子或美观的购物袋中，以便于顾客携带回家。某些高档的商场（超市），甚至将顾客购买的商品放在预先包装好的礼品盒中，以使包装服务符合商场（超市）自身的整体形象。

5. 送货与安装服务

对于体积大、较笨重的商品，商场（超市）应为顾客送货上门，必要时还要为用户安装调试。这种服务既给顾客提供了较大的方便，又避免顾客在安装调试过程中出现不必要的事故，以免影响到顾客的人身财产安全，还可以为商场（超市）增加回头客。

6. 邮购服务

邮购服务，是指商场（超市）对外地消费者求购的商品通过邮局寄送给顾客。这项服务方式的优点是节省顾客购买商品过程中所花费的时间和费用。顾客要求邮购的商品，一般体积较小，需求时间较紧，所以商场（超市）提供这种服务时，一定要注意弄清楚顾客地址，把商品包装牢固，并尽快发出。

7. 商品的退换

做好商品的退换工作，是商场（超市）提高服务质量的一项重要内容。各个商场（超市）的退换政策是不一致的，有的是坚决不退不换；有的是顾客至上，有求必应；也有的采取折中的政策。商场（超市）的退换政策如何，在很大程度上影响着顾客对商场（超市）的信任程度，进而影响到商场（超市）的营业额。

8. 商品的修理

有运动机件的任何产品，都是提供修理服务的对象。商场（超市）提供的商品修理工作，在商品保修期内实行免费维修，超过保修期则收取一定的费用。有条件的商场（超市）还对大件商品提供上门维修服务。

为顾客提供此项服务，有助于为商场（超市）带来更多的销售额，因为对顾客来讲，所买商品出现故障以后能否得到及时的修理，是非常重要的。在提供有此项服务的商场（超市）购物，顾客就如吃了定心丸，可以大胆放心地选购商品。

9. 形象设计服务

这是一项新兴的服务形式，它是由商场（超市）专门聘请形象设计师，为顾客进行形象设计。设计师根据顾客的身材、气质、经济条件等情况指导顾客该梳什么样的发型，化什么样的妆，买什么样的衣服，配什么样的饰物。此项服务很受顾客欢迎，大大刺激了顾客的购买欲，而且很多顾客会整套地购买服装、饰物。这项服务设身处地为顾客考虑，迎合顾客对美的追求，有效地调动了顾客的购买欲，从而达到了促销目的。

10. 租赁服务

有些商场（超市）对于一些价格较高、使用机会很少的商品，开展租赁服务。例如商场（超市）预备有婚礼服装、用具等，顾客遇到婚庆活动，可以向商场（超市）租用，只要付一定的租金就可以。提供这种服务可以使这些商品尽快进入使用过程，尽早发挥商品的使用价值，并且提高这些商品的利用率。另外，顾客在租借和送还这些商品的时候，还可能会顺便从商场（超市）买走一些相关商品。

11. 临时幼儿托管

现在很多大型商场（超市）设有幼儿托管室，凡携带幼儿来商场（超市）购物的顾客，都可以把幼儿寄托在这里，商场（超市）有专人负责照料。幼儿托管室除了备有各种玩具供幼儿玩耍之外，还提供一些糖果、点心等，对孩子的吸引力很大。

这项服务很受前来购物的父母的欢迎，因为带孩子到商场（超市）购物，往往会因孩子吵闹而影响选购商品，无形中减少了在商场（超市）的停留时间。有了幼儿托管室，顾客就可以放心购物了，购物时间延长，商场（超市）交易额自然会增加。

12. 提供休息室

有的大型商场（超市）利用一部分场地，开辟顾客休息室，供顾客来此休息和交谈。休息室一般准备一些报纸、杂志供顾客阅览，并出售各种饮料和小点心，有的还播放音乐。这些服务措施很受那些陪夫人来购物的男士们的欢迎。

13. 提供连带销售

这是指商场（超市）为方便顾客，在出售其主营商品之外，还兼营一些其他的商业项目。

例如现在很多商场（超市）都设有快餐厅、小吃部等，向顾客提供饮料食品销售，这些连带销售使商场（超市）融购物休闲为一体，满足了现代人快节奏生活方式的要求，生意很是火爆。

还有的商场（超市）兼卖戏票和月票，甚至飞机票，也很受顾客的欢迎。

除此之外有些商场（超市）还提供一些其他服务，如免费停车场、公用电话、彩色胶卷扩印、美容、免费改裤角等，为顾客及附近居民提供了极大的便利。

7.3 提升卖场服务质量的意义

在商场（超市）经营过程中，企业要想创造良好的经济效益和社会效益，服务工作质量具有决定性的作用。卖场服务的意义，主要表现在图7-13所示的几个方面。

```
┌─────────────────────────────────────────────┐
│ 优质服务是吸引顾客的重要手段                │
├─────────────────────────────────────────────┤
│ 优质服务是促进交易成功的重要条件            │
├─────────────────────────────────────────────┤
│ 优质服务是商场（超市）建立良好信誉和形象的重要基础 │
├─────────────────────────────────────────────┤
│ 优质服务使商场（超市）在竞争中处于有利地位  │
└─────────────────────────────────────────────┘
```

图7-13　卖场服务的意义

7.3.1　优质服务是吸引顾客的重要手段

只有把顾客吸引到商场（超市）里来，才会创造交易的机会，实现和扩大商品的销售,促进经营的兴旺。而优质周到的服务就是吸引顾客到商场(超市)的极为有效的手段。

比如,随着生活节奏的加快,更多的人倾向于把购物、就餐和娱乐结合在一起。为了适应这种需求,很多商场(超市)都开设了快餐厅、小吃部、游艺厅、台球厅,甚至电影院等各种相关设施,为顾客提供全方位的服务。这些服务不仅可以为顾客提供物美价廉的食物和生活的乐趣,还可以吸引更多的顾客前来商场(超市)购物,延长顾客在商场(超市)驻足的时间,从而创造出更多的经营机会。

7.3.2 优质服务是促进交易成功的重要条件

顾客光顾商场(超市),并不意味着交易的成功,要想卖出商品,还需要很多条件,还要在服务方面做很多的工作,具体包括图7-14所示的内容。

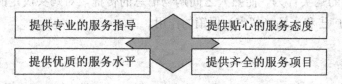

图7-14 服务工作包括的内容

(1)提供专业的服务指导。在现代,商品的科技含量越来越高,产品功能也越来越复杂。这些商品,如果不进行知识传授和操作指导,是很难正确使用的。商场(超市)如果不在销售这些商品时,提供必要的服务指导,帮助顾客了解产品的性能、操作方法,保证售后的服务,交易是不可能达成的。

(2)提供优质的服务水平。前来商场(超市)购物的顾客,如果发现商场(超市)为他们提供的服务水平很差,与购物知识、操作技术等相关的疑问无法解决,就很可能打消在此购物的念头,而是转向其他服务水平较高的商场(超市)。而原本并未打算购物的顾客,如果发现商场(超市)能够提供远超过其预期水平的优质服务,就可能在此形成购买行为。

(3)提供贴心的服务态度。许多顾客来到商场(超市),并没有明确的购物意向,常会因情景刺激而临时决定购买一些物品,这被称为激情购物或即兴购买。能调动这些顾客的潜在需求的因素中,很重要的一点就是周到体贴的服务。优质的服务使企业与顾客在感情上实现了零距离,商品的交易迟早都会顺理成章地得以实现。

(4)提供齐全的服务项目。齐全的服务项目也会成为刺激和引发顾客潜在需求的有效手段。

比如，有些商场（超市）提供的形象设计和美容服务，就会使很多顾客驻足观赏，一旦产生兴奋感，有些顾客就想亲身体验一下，体验之后的顾客如果确实感觉良好，往往就会决定购买一些相关商品。

所以，提供优质服务，是提升商场（超市）交易成功比例的重要条件。

7.3.3 优质服务是商场（超市）建立良好信誉和形象的重要基础

商场（超市）的信誉和形象就是企业的生命力，如何增加顾客对商场（超市）的信任，让商场（超市）给顾客留下一个美好的印象，从而造就出一大批忠诚的顾客，并通过这些顾客带来大量的新顾客，这是商场（超市）服务需要研究的一个重要课题。

顾客对商场（超市）的喜好和信任程度是由商场（超市）对待顾客的方式决定的。顾客享受了商场（超市）的良好服务，就会向他人播散这种体会，从而影响潜在顾客的购买行为。而熟人之间购物信息的传播，对购买决定的影响程度，要远远超过广告和商场（超市）促销的作用。

> **小提示**
>
> 需要引起注意的是，对商场（超市）服务表示不满的顾客传播负面信息的影响力要远大于传播正面信息的力度，因此，商场（超市）要向每一位顾客都提供令其满意的服务。

7.3.4 优质服务使商场（超市）在竞争中处于有利地位

在发达的市场经济条件下，企业竞争除了表现在商品品种、质量、价格及购物环境等方面以外，更重要的是表现在服务质量方面。在其他条件相近的情况下，商场（超市）的服务水平是一个决定性因素，谁能吸引更多的顾客，谁就能扩大市场占有率，谁就能提高自己的竞争力。

商场（超市）在服务上的一举一动，能给顾客留下深刻的印象，能让顾客感动，就能大大提高企业的知名度、信任度和美誉度。当商场（超市）把提供优质和周全的服务，融入企业整个工作过程，包括它的组织运作、领导作风和企业文化中去时，商场（超市）就会具有极大的、他人难以模仿的竞争优势。

7.4 满足顾客的消费自主性

现在的顾客在购物或消费时，不仅会根据价格、质量、服务水平、购物环境等方面来评价商家提供的产品与服务，同时也会根据自己在购物或消费过程中是否得到充分的理解和尊重，行使应有的"自主消费、自愿消费"的权利，也就是消费自主性会影响顾客的满意度。

那么商场（超市）应该如何满足顾客消费自主性、提升顾客满意度呢？具体措施如图7-15所示。

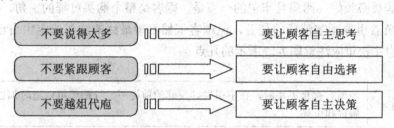

图7-15　满足顾客消费自主性的措施

7.4.1　不要说得太多——要让顾客自主思考

很多导购员习惯在顾客浏览商品的过程中不停向其推销产品，可以说到了"喋喋不休"的地步，丝毫不考虑给顾客自主思考的空间。这对于那些购买目标已经明确或比较在乎自己的想法和考虑的顾客来说，几乎是难以忍受的，难怪他们会产生厌烦的心理，甚至迅速"逃离"。所以导购员的"热心服务"应适度，应做到图7-16所示的几点。

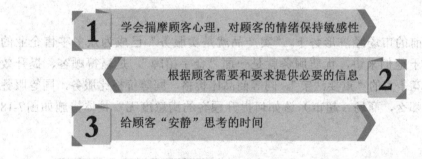

图7-16　让顾客自主思考

7.4.2　不要紧跟顾客——要让顾客自由选择

这也是一个常见的景象，当顾客刚迈入店门或走近售货地点的一刻起，直至顾客浏览、选择完商品，导购员就几乎时时紧跟顾客，伴其左右。这是让很多顾客反感和不满的事。尤其是对一些本着消遣、放松的目的来购物的顾客来说，能不能自由、"独立"地欣赏、选择各式商品，决定其能否体验到消费自主性，从而产生满意感。

7.4.3 不要越俎代庖——要让顾客自主决策

导购员必须始终明确且牢记的一点是，顾客是整个购买过程的主角，虽然导购员担负着引导顾客消费的任务，但顾客依然希望最终的购买决定由自己作出。让顾客自主决策应注意图7-17所示的几点。

1. 当顾客犹豫不决时，在不引发其反感的前提下，导购员可以适时加以解说和引导

2. 不能过度夸大甚至谎称产品性能，或罔顾顾客的想法，"强制性"干扰顾客决策过程

3. 应该站在顾客的角度，设身处地地帮助其作出合适的决定

图7-17 让顾客自主决策的注意事项

7.5 提升顾客的满意度

在当前的市场经济形势下，"卖产品就是卖服务"已成为众多零售企业的共识。对于他们来讲，优质服务就是一面"金字招牌"，是赢得顾客、提升效益、增强竞争力的"重要法宝"。同等商品比价格，同等价格比服务，同等服务比满意。那么，商场（超市）该如何提升顾客的满意度呢？具体措施如图7-18所示。

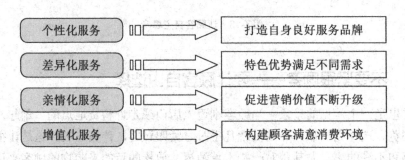

图7-18 提升顾客满意度的措施

7.5.1 个性化服务——打造自身良好服务品牌

个性化服务是一种有针对性的服务方式,其打破了传统的被动服务模式,能够充分利用各种资源优势,主动开展以满足用户个性化需求为目的的全方位服务。个性化服务不仅体现了商家以人为本的经营理念,而且能够与顾客建立起良好的合作伙伴关系,树立自己的服务品牌,提高顾客的忠诚度,进而达到赢取市场、赢得客户的目的。

比如,××烟酒超市是××辖区最大的一家烟酒专卖店。2015年6月份,该店铺对店堂布局进行了改造,在位于储藏室的过门处隔出了一间小屋,配备了网络和两台电脑,并由两名营销人员专属办公。在有些人看来,这两名营销人员整天无所事事,不是上网就是QQ聊天。其实不然,这是该店铺推出的一项个性化服务措施。他们在电脑上建立了顾客交流QQ群,根据新老顾客留下的相关信息,诚恳邀请顾客加入群内。为了鼓励更多的消费者加入该群,他们还采取了"进群就送礼"的方式,为每一位初次进群的消费者赠送保温茶杯和打火机。

据店铺老板文先生介绍,他们建立顾客QQ群主要有图7-19所示的四个方面的目的。

1. 加强与消费者的即时沟通,随时随地了解顾客在卷烟销售、营销服务等方面的需求和建议,进而更好地改进营销服务工作

2. 突出产品宣传,每当店铺购进新的卷烟品牌或者其他新商品,他们就会利用QQ群向消费者及时传递相关信息,如产品产地、零售价格、口味特征、包装特色、品牌文化等,并经常上传一些视频到群里,图文并茂、形象生动地向消费者传递商品信息

3. 开展消费调查。通过调查问卷的方式,征求消费者对卷烟品牌的需求,然后依据消费者的反馈情况组织购进相关卷烟品牌,这样既保证了适销对路,促进了卷烟动销,保证了资金周转,而且满足了消费者,提高了顾客满意度,增强了顾客依赖度

4. 拉近了与顾客之间的情感距离,扩充了店铺人脉,聚集了店铺人气,实现了店铺的良性运转

图7-19 建立QQ群的主要目的

自建立QQ群、推行这一个性化服务措施后,该店铺的经营效益较往年增长了14%,有效地促进了店铺的销售。

7.5.2 差异化服务——特色优势满足不同需求

随着社会的发展进步,社会公众的消费观念和消费方式都发生了巨大变化,他们对商家的服务要求越高,越来越多样化。面对众口难调、形色各异的消费者,零售商家如何赢得每一位消费者的芳心呢?答案很简单,那就是运用差异化服务为顾客量身打造符合其口味、爱好、需求,且有别于竞争对手的服务,这既是提升经营效益的有效手段,也是战胜竞争对手一种做法。

比如,××购物商城自2008年开张以来,该店铺的生意就一直非常红火,不但在本地周边县市有多个分店,而且还涉足了其他产业。该店铺之所以能够长久不衰、蒸蒸日上,关键在于他们很好地运用了差异化服务。

该商城差异化服务的具体措施如图7-20所示。

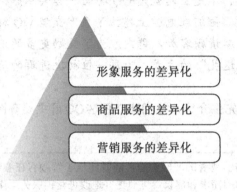

图7-20 差异化服务的措施

(1)形象服务的差异化。该商城自开业以来,就把"关注您的需求,关注您的满意,关注您的一切"作为对消费者的承诺,无论是在售前、售中还是在售后服务,方方面面、点点滴滴都突出了该商城无微不至的服务形象。日常经营中,他们通过商场(超市)网站、经理接待日、客户座谈会、供货商见面会等,积极搭建沟通平台,并通过坚持形成了自己独有的品牌服务。

(2)商品服务的差异化。为了让消费者吃上"放心菜",商城承包了当地几个村庄的蔬菜基地,实行公开透明的无公害蔬菜种植。在蔬菜种植各个环节,他们都会邀请一些消费者代表现场监督,并主动征求其建议和意见。

(3)营销服务的差异化。每当商城购进新品食品时,他们都会自行举办新品品尝会。针对处于城市中的企事业单位,他们通常采用发函的方式邀请相关人员参加,这样做既不会打扰客户的工作,而且显示了对客户的尊重,让其感到"倍有面子"。而针对城郊和农村的工业厂矿,他们则采取送上门品尝的方式,一来是为了体谅这些客户路途遥远,交通不便;二来是表达自己的真诚,用真诚去感化客户、赢得合作。

7.5.3 亲情化服务——促进营销价值不断升级

亲情化服务是情感营销的范畴,它是通过以情感来打动顾客进而实现产品销售的一种服务模式。亲情化服务不受时间、地点和服务对象限制,其特点如图7-21所示。

1 既可以在卖场内,也可以在卖场外

2 既可以是营业时间,也可以是非营业时间

3 既可以是新老顾客,也可以是社会上的每个成员和群体

图7-21 亲情化服务的特点

亲情化服务的价值在于,能够与顾客建立融洽和谐的合作关系,促进商场(超市)营销服务的升级,增强店铺的核心竞争力。具体措施如图7-22所示。

1 服务人员要尽可能地多了解顾客,熟知他们的消费需求。比如,对于进店的老顾客,要能准确地拿出他所喜爱的品牌

2 要求服务人员在见到顾客时,都要笑脸相迎并给予亲切的问候。当顾客提出需求时,不能以任何借口拒绝,要增进顾客的满足感和归属感

3 针对特殊客户群体设立"绿色通道",要求服务人员给予全程服务指导,并提供免费送货上门服务

4 定期开展互动活动。与社区居委会联合开展各种活动,以此来拉近与顾客之间的情感距离,提升商场(超市)的亲和力和凝聚力

图7-22 亲情化服务的措施

7.5.4 增值化服务——构建顾客满意消费环境

增值化服务也被称之为"特色服务",指商家在保证基本服务的同时,采取的超出常规的服务措施,是个性化、差异化、亲情化服务的拓展和外延。

比如,免费帮助居民代订牛奶、代收报刊快递、代缴水电煤气费用等。为了更好地服务小区居民,还可在店铺门口摆放打气筒、充电宝、雨伞等,供那

些路过的居民无偿使用。

增值化服务可以结合营销活动,也可以跳出营销来开展。通过增值化服务,可以带来图7-23所示的好处。

图7-23 通过增值化服务带来的好处

大型连锁超市提升顾客满意度的策略

大型超市应从以下几方面着手提升顾客的满意度。

1. 树立"顾客满意"的经营理念,强调"细节服务"

顾客满意取决于全体员工的服务态度和水准。超市要在自己的经营方针和目标中体现出"不断提高顾客满意度"的思想,对员工进行公司经营理念培训,使员工在价值观、职业道德观、行为规范和员工素质等方面,都遵循"一切让顾客满意"的理念,从而在企业内部自上而下形成一种共同认同的"顾客无流失"文化。在企业内部应导入"下道工序是上道工序的客户"的顾客满意理念,并最终共同为外部顾客提供最佳服务。对于超市这样一个应该特别注重细节的行业来说,每个细节都会被顾客所关注。顾客偶尔一次的"不满意"的购物经历,就可能影响着顾客的满意度。企业做得较好的一些服务上的小细节,能给顾客留下深刻美好的印象。因此,只有关注目标顾客、关注每个细节,真正地为顾客着想,超市才能有长久的发展。

2. 加强生鲜管理,提高商品质量

随着人们对超市的产品要求的提高,超市应该在保证生鲜质量的同时,通过随时了解销售情况的办法来控制加工,让生鲜从生产到上柜的流程更科学。同时,丰富品种和提供更完善的加工服务也是让生鲜更受欢迎的策略。

其中，一些额外的服务能提高顾客的满意度。

比如：顾客在购买新鲜水产品时，现场洗杀干净再让顾客带回家会使其觉得更加方便；超市配套提供包装好的生鲜炒菜原料，也是促进生鲜销售的方式。只要服务品质得到了保证，再辅以一些价格手段，生鲜食品的销售还有很大潜力可挖的。

3.超市应慎用价格策略

商品价格对顾客购物的影响很大，特别在超市中购物这种影响更为明显，但是仅仅靠低价来吸引顾客并不能带来顾客的忠诚。顾客抱怨低价商品的质量，超市用低价制造人气而实际情况与宣传很不相符，这一类的事情常常发生，严重影响了顾客的满意度。因此对于超市行业来说，让顾客多享受一点"购物前惊喜"的同时，应尽量减少顾客"消费后的抱怨"。超市在应用价格策略时，要在其他方面做好充足的准备，让价格战具有一定的"实力底蕴"。

4.努力提高服务人员的基本素质

顾客对超市服务人员方面的评价均不高，主要表现在"熟悉商场（超市）布局及商品分类"和"员工的专业知识和水平"两方面。营业员不能在顾客需要时提供一些专业性的建议和意见，不能设身处地为顾客着想，更不会随机应变，顾客在购买时便多了几分忐忑。

作为服务性行业，员工是直接与顾客打交道的群体，他们素质的高低直接影响超市的声誉。因此，必须投入足够的资源，通过技能培训、制度化管理以及企业文化的熏陶等手段来提高员工素质。

5.保持良好的购物环境

如今许多顾客都想要让购物过程成为一种享受，因此超市更要懂得"卖体验"。大型超市必须讲究店内的环境，这些环境因素主要包括光线、色彩、音响、通风、气味等，超市应在这些方面多加注意，为消费者营造一个舒心的购买环境，让顾客留下良好的购物体验。

7.6 注重细节升级服务

越来越多人会选择去大型的商场（超市）购物，因为大型商场（超市）商品比较齐全，人们都想图个方便。可是有些大型商场（超市）的"细节服务"不够周到，反而给消费者购物带来不少不便。图7-24所示的几点就是商场（超市）不可忽视的服务细节。

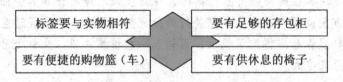

图7-24 不可忽视的服务细节

7.6.1 标签要与实物相符

有消费者这样反应：虽然商场（超市）买东西方便，可是有些服务不能令人放心。

比如，在各家大小不同的超市里，常常存在标签与商品不符的情况，最明显的就是面包类食品。形状不同、口味不同的面包，包装袋上一律贴着"吐司面包"，而且在配料表上也都印着相同的配方。

7.6.2 要有便捷的购物篮（车）

如果细心留意的话，在商场（超市）很容易发现一些等待结账的顾客，手推着大推车，可是所装的物品却很少。

问一位推车的顾客说："您买这么少的东西，拿个购物篮不就装下了吗，推车多不方便啊？"顾客回答说："我买的东西大部分是水果和饮料，数量是不多，可是重量却不轻，拿着购物篮挺沉的，可大车太不方便，要是有个小车就好了。"

7.6.3 要有足够的存包柜

商场（超市）是自选购物，很多商场（超市）是不允许顾客将体积较大的包及手提袋带进卖场的，自动存包柜这时就发挥了很大作用，然而一些商场（超市）的存包柜损坏多日也不见维修。

比如，某超市自动柜的显示屏上，大部分显示着"满箱"，个别的柜子上面贴着"此柜已坏，暂不能使用"字样的纸条。一位女士看见有人来取包了，她马上跑过去，等柜门一关，赶紧把硬币投了进去。问她："超市允许带包进去的，为什么还把包存起来呢？买完东西还要来取，岂不是很麻烦。"她回答说："我刚从邮局取了一个包裹，挺沉的，拿着它走来走去买东西不方便。只是超市存包柜太少了，抢不上。"

7.6.4 要有供休息的椅子

一些大型的商场（超市）会有上下两层购物区，而且每层的面积都不小，把商场（超市）转个遍还真需要花上一段时间，况且还有不少老年人来这里购物。然而，有些商场（超市）在购物区内基本找不到可以休息的地方，只有在结账后来到出口处才可以找到长椅。

 相关链接

部分超市服务细节缺少人性化

随着人们生活水平不断提高，超市的服务细节也应该逐步完善。《超市购物环境标准》（以下简称《标准》）的实施，对提高超市的经营管理水平和服务水平，满足顾客的购物需求，保护消费者的合法权益有着重要意义。超市应该站在消费者的角度，多为消费者着想，尽可能地提升人性化服务。

下面介绍几点部分超市细节服务的不足之处。

1. 食品卫生有待提高

《标准》明确规定，熟食和面点的销售人员应戴一次性口罩、帽子和一次性手套，上岗前要在专用洗手池洗手。但是在各大超市，熟食和面点的销售人员只戴口罩和帽子，却不戴一次性手套的情况非常普遍。对此，有的超市表示，不戴一次性手套是销售人员的疏忽；有的则表示，销售人员都是用夹子夹食物，不会用手直接接触，所以不要求戴手套。

此外《标准》明确规定，畜禽类肉品应采用托盘陈列，不能直接摆在冰块上，以免融化后的冰水影响肉质。有的超市虽然在鸡肉和冰块间铺了层隔垫，但网状的塑料隔垫并不能阻止鸡肉和冰块的接触，而且由于隔垫的面积不能完全覆盖冰面，一部分鸡肉实际就直接放在了冰块上。有的超市生鲜区甚至直接将食物放在冰块上。

2. 推车不让进停车场

多家大型超市都有推车不让推进停车场的现象。例如一家大型超市，在出口与停车场的连接处设置了路障，不允许将推车推进停车场。对此一名工作人员解释："停车场太大，购物车被推到各个角落，影响交通，很难管理。"在另一家超市内，手推车别说进停车场了，连超市都不允许出去。

3.超市内难寻卫生间

尽管所有超市都设有客用卫生间，但考虑到种种因素，有很多超市均将其安排在了卖场之外。《标准》规定，超过1000平方米以上的店铺，应设有客用卫生间、广播室和客用电话设施。虽然大部分卫生间距离出入口很近，但对内急或者独自来购物的消费者来说仍有许多不便。

7.7　做好收银服务

收银作业作为卖场与顾客之间进行商品交易的最终环节，在卖场的业务中显得格外重要。收银工作稍有不慎，都可能给卖场、顾客、收银员个人造成损失。因此，加强对收银工作的管理，对每一个卖场来说都是十分必要的。

7.7.1　收银服务的基本要求

站在消费者的角度上，商场（超市）的购物环境，收银员的微笑服务、礼貌待人、收银速度等都是顾客选择在此购物所要考虑的因素。收银服务的基本要求如图7-25所示。

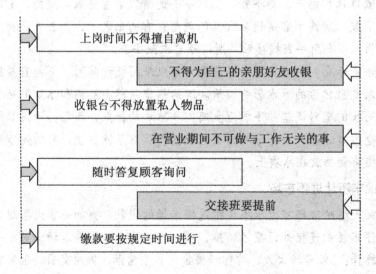

图7-25　收银服务的基本要求

（1）上岗时间不得擅自离机。如收银员确实需要离开，必须要将"暂停收款"牌放在收银台上，用链条将收银通道拦住，将现金全部锁入收银机的抽屉里并锁定，钥匙必须随身带走或交收银主管保管，将离开收银台的原因和回来的时间告诉临近的收银员。

> **小提示**
>
> 离开收银机前，如还有顾客等候结算，不可立即离开，应以礼貌的态度请后来的顾客到其他的收银台结账。

（2）不得为自己的亲朋好友收银。这样做可以避免不必要的误会和可能产生的不道德行为，如收银员利用收银职务的方便，以低于原价的收款登录至收银机，以企业利益来满足自己私利，或可能产生内外勾结的"偷盗"现象。

（3）收银台不得放置私人物品。由于收银台上随时都有顾客退货的商品和临时决定不购买的商品，私人物品如果也放在收银台上，容易与这些商品混淆，造成他人误会。

（4）在营业期间不可做与工作无关的事。收银员要随时注意收银台前和视线所见的卖场内的情况，以防止和避免不利于卖场的异常现象发生。

（5）随时答复顾客询问。收银员要熟悉商品的位置、变价商品和特价商品，以及有关的经营状况，以便顾客提问时随时作出解答。

（6）交接班要提前。中午交接班时，要求接班人员提前15分钟到岗，由上午班员工清点备用金给下午班员工，办好交接手续。

（7）缴款要按规定时间进行。由于零售业收银员大多数是轮班制，因此缴款要按规定时间进行。

7.7.2 完善收银服务流程

收银是商场（超市）的关键工作，企业的各项收入都是通过收银来完成的。因此，商场（超市）的收银员要按照既定流程开展收银工作，确保各项商品的销售收入准确入账。具体操作流程如图7-26所示。

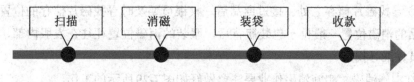

图7-26　收银操作流程

（1）扫描。扫描是收银的基本步骤，收银员要做好扫描工作，同时按不同情况处理好扫描例外，使所有商品都能够得到准确地扫描。

① 接过商品。收银员要快速、稳定地接过商品，避免摔坏。

② 开始扫描。开始扫描时，要达到图7-27所示的要求。

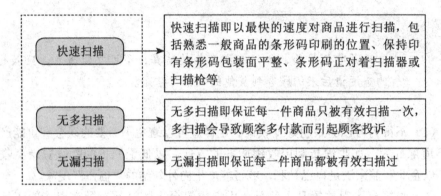

图7-27　扫描的要求

③ 扫描失效处理。当发现扫描失效时，按图7-28所示的方法处理。

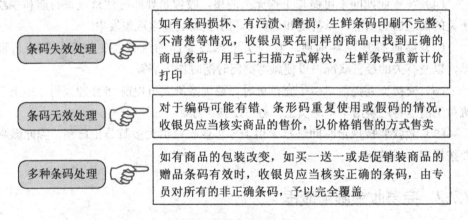

图7-28　扫描失效处理方法

（2）消磁。零售企业会为一些贵重商品加装磁性材料，以防止被盗。当顾客购买该商品后，收银员要及时为其消磁，使顾客能够完成购买。

① 寻找磁片储存之处。接过商品后，收银员要及时寻找磁片储存的位置，洗发用品的消磁位置一般位于包装瓶背后，服装的消磁位置往往在衣服内部，需要收银员仔细寻找。

② 实施消磁。实施消磁作业要注意做好如图7-29所示的工作。

③ 消磁问题处理。在消磁时，碰到问题要及时处理，具体要求如图7-30所示。

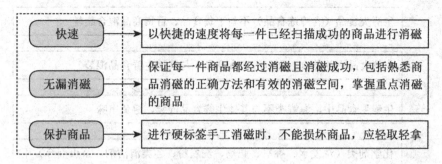

图7-29 消磁作业要求

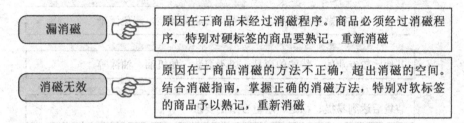

图7-30 消磁问题处理方法

> **小提示**
> 正确地消磁是非常重要的,否则容易引发误会,引起顾客的不满,而且增加了收银稽核人员的工作量与工作难度。妥善地处理好消磁例外是收银管理人员的职责之一。

（3）装袋。顾客购买商品后,如果需要装袋,收银员应为其做好装袋工作,装袋时要注意将商品分类并排列整齐,避免损坏。

①正确选择购物袋。如果顾客并未自带购物袋,要求购买购物袋,一定要正确选择购物袋。购物袋尺寸有大小之分,根据顾客购买商品的多少来选择合适的购物袋。当然在"限塑"的情况下,应向顾客提供环保购物袋,且最好问明顾客需要哪号袋,并且告知对方该袋的价格。

②将商品分类装袋。商品分类是非常重要的,正确科学地分类装袋,不仅能提高服务水平、增加顾客满意度,还能体现尊重顾客、尊重健康的理念。一般分类的要求如图7-31所示。

③装袋技巧。掌握正确的装袋技巧,既避免重复装袋,做到又快又好,又起到充分使用购物袋、节约成本、使顾客满意的效果。具体如图7-32所示。

1 生鲜类食品（含冷冻食品）不与干货食品、百货商品混合装袋

2 生鲜食品中的熟食、面包等即食商品不与其他生鲜食品混装

3 生鲜生食品中，海鲜类不与其他生鲜食品混装，避免串味

4 化学剂类（洗发水、香皂、肥皂、洗衣粉、各类清洁剂、杀虫剂等）不与食品、百货类混装

5 服装、内衣等贴身纺织品，一般不与食品类混装，避免污染

6 其他比较专业的、特殊的商品一般不混装，如机油、油漆等

7 装袋后达到易提、稳定、承重合适的要求

图7-31　商品分类装袋的要求

1 考虑商品的易碎程度，易碎商品能分开装最好，不能分开的则放在购物袋的最上方

2 考虑商品的强度，将饮料类、罐装类商品放在购物袋的底部或侧部，起到支撑的作用

3 考虑商品的轻重，重的商品放下面，轻的商品放上面

4 考虑商品的总重量不能超出购物袋的极限，商品的总体积不能超出购物袋，如果有可能超重或让顾客感觉不方便提取，最好分开装或多套一个购物袋

图7-32　商品装袋的技巧

④ 例外处理措施。当出现例外情况时，请按图7-33所示的方法处理。

（4）收款。收银员确认货物清点完毕后，才能接受顾客付款。无论是现金、银行卡，还是移动支付等形式的付款，都必须在收银机上选择正确的付款键输入。

对于现金付款的顾客，要当面清点钱款，无差错找零，同时要注意识别伪钞。

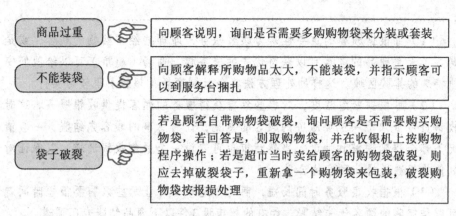

图7-33 装袋例外处理的措施

解决收银排队的难题

顾客到商场（超市）购物往往兼有休闲之意，但结账时排长队，特别是周末或节假日营业高峰时的长队，还是有点令人无法忍受。商场（超市）如果一味让顾客等待，将丧失许多生意。即便是那些耐心等待到最后的顾客也会不满意，有可能不再光顾，或者再次光顾之前，会仔细权衡。那么如何解决收银排队问题呢？可从以下几个方面着手解决。

1. 使收银流程合理化

在商场（超市）的日常经营中，根据高峰期的客流量来设置收银机是很普遍的做法，但为了节约成本，往往会让顾客排长队。其实，商场（超市）在利用现有收银系统资源的情况下，可以通过对排队方法的革新来缓解这个难题，如采用选择数字选项排队法。

具体的做法是：进入卖场的顾客都可以在入口处领到一个小牌，上面有编号，顾客采购好商品后将小牌交给收银员，顾客就可以坐在收银台旁设置的椅子或凳子上休息，或者可以到卖场内再逛逛，过一定时间后再回来。这样只要顾客注意听是否叫到自己的号码就可以了，可以免去排队之苦。

2. 区分不同的顾客

为了获得服务，并非所有的顾客都要等待相同的时间，商场（超市）可根据不同的情况来为顾客服务。

（1）可根据顾客的重要性来为顾客服务，即那些经常购物的顾客，或是购买了大量商品的顾客可以获得优先的服务权。商场（超市）可以给他们安排特殊的排队区域。这样的处理方法在会员制商场（超市）里较易实行。

（2）可根据紧急程度，对那些急需获得服务的顾客提供收银服务。这时收银员可征求下一位要服务的顾客的意见，让有急事的顾客先结账，一般情况下都会得到理解和协助。当然超市也可专设一个紧急收银通道，以保证对其他收银通道排队顾客的公平。

（3）根据收银服务时间长短，商场（超市）可让那些只需要很短时间就可以结完账的顾客优先结账，如有的超市设3件以下商品结账专门通道。

经过以上对顾客的区分，将那些不能等待或忍耐时间较短的顾客排除，剩下的顾客即可按常规处理，降低了抱怨和不满。

3. 让等待变得有趣或至少可忍耐

大多数顾客在商场（超市）购物不得不排队结账时，他们对商场（超市）的满意度取决于商场（超市）对排队问题的处理方法。顾客等待实际时间的长短会影响顾客满意度，但顾客感觉的等待时间比实际时间更能影响其满意度。结合心理学研究，具体处理措施如下表所示。

让顾客等待变得有趣的措施

序号	等待情形	解决办法
1	顾客对在空闲时间的等待比繁忙时间里等待的感觉更长	在超市每个收银通道前挂4~5份报纸，或者挂一个电视。电视可播放商场所卖的有关商品的广告，也可放影碟、MTV等，反正要让顾客的眼睛、耳朵不闲着
2	顾客对在结账前的等待比结账中的等待感觉更长	超市可以在收银台前用滚动屏幕或者自动查询价格的设备让顾客查询所购商品的折扣、特价等情况，了解收银员的服务记录（对服务员也是个无形的监督），甚至可以让顾客自己先算一算总价，让顾客提前进入"准"结账阶段
3	顾客在焦虑状态下的等待感觉更长	可以让收银员对顾客预告等待时间，并不时对后面还在等待的顾客说抱歉，收银员离岗换零钱或者换班盘点时应告知顾客几分钟可以回来
4	顾客对不能说明的等待时间比能说明的等待时间感觉更长	收银员在收银通道出现暂时拥堵时（如个别顾客取消商品、退货等）应该告知其他顾客原因，这样顾客在了解了真相的基础上就会相应调整自己的心态，减少焦虑，有更大的耐心
5	顾客对不公平的等待时间比公平的等待时间感觉更长	应该让收银员在为紧急情况的顾客优先提供服务时向其他顾客讲清楚原因，以使他们的不公平感（"凭什么他后来可以先结账？"）降低甚至消除

4.增加自助收银机

自助收银机的投入首要目的是能够优化客户体验，特别是对年轻人来说，购物方式更趋向于线上购物，具有新鲜感的结账方式能够刺激客户参与体验，从而带动消费。

商场（超市）可根据自身规模增设适量的自助收银机。有了自助收银机，顾客只需将购买物品的包装条形码对准收银机扫码区域进行扫描，大屏幕上就会出现已成功扫描的商品，显示商品图片和商品名称、数量、单价等信息，十分清晰。然后再将剩余的商品，依次进行扫描，最后用手机微信/支付宝扫码付款，支付成功后收银机会自动打印小票，取走就可离开。整个流程下来比较方便，大大节省了顾客的购物时间，提升了顾客的购物体验。

7.8 妥善处理顾客的投诉

对于商场（超市）来说，遇到顾客投诉是一种很常见的情况，投诉处理人员要掌握顾客投诉的处理程序，将顾客投诉圆满处理，以此来赢得更多的顾客。顾客投诉处理基本流程如图7-34所示。

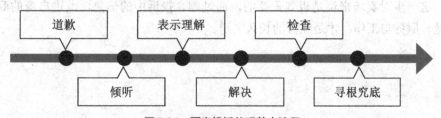

图7-34　顾客投诉处理基本流程

7.8.1 道歉

顾客无论是出于什么原因来投诉,接待人员都应当先进行道歉,使顾客平静下来。

7.8.2 倾听

(1)让顾客发泄。先通过开放式的问题让顾客发泄情绪,然后才能了解实情。要理解顾客的心情,稳定顾客的情绪,请顾客坐下来慢慢谈,把顾客从发泄情绪引导到描述事件上面去,让他把问题讲述出来。

(2)充分倾听。说服别人的最佳途径之一就是利用自己的耳朵,倾听他们所说的话。客服人员处理顾客投诉实际上就是一个说服顾客的过程,要想处理好顾客投诉,必须先认真倾听。

7.8.3 表示理解

表达理解和同情要充分利用各种方式,在与投诉者直接面谈时,以眼神来表示同情,以诚心诚意、认真的表情来表示理解,以适当的身体语言表示同意等。

7.8.4 解决

在倾听顾客的过程中,要迅速弄明白问题的关键,并找到解决的办法,以迅速让顾客满意。

7.8.5 检查

做出补救性措施之后,要检查顾客的满意度,并且要再次道歉,然后与顾客建立联系并保持这种联系,留住顾客。

7.8.6 寻根究底

这一步对卖场来说是极其重要的,通过顾客投诉中的信息,改进自身的商品质量、服务与工作,才是经营的长久之道。

第8章 加速转型电商

📖 **导言** ▶▶▶

在电商经济盛行的时代，商场（超市）电商化正在以其独特的方式改变着人们的消费方式。人们通过PC端、移动端逛商场（超市）逐渐成为常态，商场（超市）如何利用电商转型升级，成为当下热议的话题。

8.1 实体零售转型电商的趋势

近年来,众多大中型实体零售商上线电商平台,构建O2O、全渠道,整合线上线下资源。纵观实体零售电商布局,已经超出了传统电商的概念,网店不仅仅是商品销售平台,同时是零售企业O2O转型的实验室。综合来看,零售商"触网"具有图8-1所示的四大趋势。

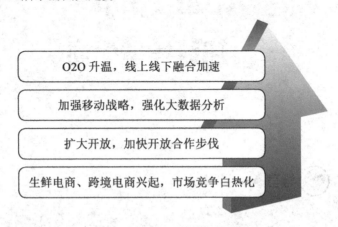

图8-1 零售商"触网"的趋势

8.1.1 O2O升温,线上线下融合加速

一方面,传统零售企业积极尝试整合线上线下资源,进行O2O的转型;另一方面,电商企业也开始注重线下,寻求落地。线上和线下的加速融合,最终形成的全渠道购物途径将是零售业未来发展的重要方向。

8.1.2 加强移动战略,强化大数据分析

传统电商企业纷纷强化移动战略,推出微店、微信商城等,同时传统零售借助各种智能终端收集消费者购物行为数据,对数据进行分析挖掘,清楚了解顾客的消费观、行为偏好和态度,以便实现精准化营销。

8.1.3 扩大开放,加快开放合作步伐

一方面,零售企业电商平台向供应商、零售同行开放,展开异业合作,最大

限度利用闲置物流、仓储等，实现共赢。另一方面，零售商加大开放力度，将转型探索互联网过程中的引流、储值、支付等成果向同行开放。

8.1.4 生鲜电商、跨境电商兴起，市场竞争白热化

一方面，实体店零售商结合商品采购、门店等资源优势，率先发力生鲜领域，获得持续的消费和稳定的客群，实现弯道超车。另一方面，传统零售商通过电商平台、自贸区等方式切入刚刚起步的跨境电商市场。

8.2 转型电商面临的挑战

面对电商的冲击，实体零售商纷纷开始建立网上零售渠道。在中国，零售商纷纷建立了网上零售业务。然而对多数开展网上零售的实体零售商来说，网上零售业务还处于试水阶段。总结来说，实体零售商在拓展线上业务时，面临的主要挑战如图8-2所示。

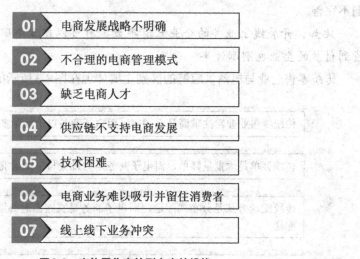

图8-2 实体零售商转型电商的挑战

8.2.1 电商发展战略不明确

多数零售商的电商发展战略不清晰，它们往往把电商只当成一个新的销售渠道，期望短期内产生回报，同时对电商缺乏持续充足的投入。这使得传统零售商与网络零售商相比，在电商领域的竞争中处于不利的地位。

8.2.2 不合理的电商管理模式

实体零售商依然依靠传统的管理方式管理电商,缺乏互联网思维和独立有效的电商管理结构,难以支持电商的发展。调查显示,仍有不少零售商的电子商务业务没有独立运营。

8.2.3 缺乏电商人才

缺乏同时熟悉线下和线上业务的电商人才,是实体零售商电商转型过程中最主要的挑战之一。其中,最缺乏的电商人才包括运营、市场营销、客户服务和仓储物流多个方面的人才。

8.2.4 供应链不支持电商发展

零售商的传统线下供应链不适合支持网上零售业务的发展。据调查,已经开展网络业务的企业支持线上业务的供应链服务能力普遍不强,网络平台及设施普遍不完善。

比如,开展线上业务的企业只有半数拥有可以覆盖全国的配送网络,支持货到付款的企业也刚刚过半。

传统零售企业与电商供应链的区别主要体现在图8-3所示的几个方面。

1. 传统零售业非常注重商品毛利率,而电子商务以价低量多取胜
2. 传统订单是大批量订单,而电子商务是大批量与小批量混合订单
3. 传统配送方式是分布式配送,而电子商务是直接面对终端用户的交互式配送
4. 对补货周期的要求不同

图8-3 传统零售企业与电商供应链的区别

8.2.5 技术困难

据调查显示,技术已经成为推动商业发展和转型的最重要动力。但是,在发

展电商的过程中，多数零售商不知道如何构建一个友好易用的电商平台，同时也不知道如何在发展电商过程中更好地利用社交和移动等领先技术去提升顾客多渠道体验。

8.2.6 电商业务难以吸引并留住消费者

网络零售商经过多年积累已经拥有了大批忠诚消费者。与之相比，传统零售商难以吸引并留住消费者在自己的网站购物，形成稳定的用户基础。

比如，我国重复购买率最高的前10大网站没有一家属于传统零售商的电商业务。

8.2.7 线上线下业务冲突

传统零售商担心线上业务会影响线下业务，因为低价仍然是电子商务的主要竞争力，这样可能导致线上对线下业务产生威胁。而且，线上和线下业务作为两个独立渠道，缺乏有效互动。

8.3 向电商转型的模式

2014年10月16日，沃尔玛连锁公司下调了全年销售额预期，决定略微减少实体店的投资，更多投资于电子商务。透过这一消息，可以清楚地看到：走向电商是实体零售商不可回避和必须要面对的转型之路。

当然，实体零售商的转型难免也会遇到各种问题。毕竟，把实体店的商品搬到网上销售，实体零售商需要解决线上技术、营运难题，以及最后一公里配送的成本、损耗等新问题。另外，实体零售商与电商的经营是两类不尽相同的模式，如图8-4所示，因此这也影响了实体零售企业的转型之路。

1	电商的先天优势在于数据保存和管理，包括客户资料、客户的浏览行为和交易行为等，电商可以此进行商品和销售管理
2	实体零售商较少收集和管理客户数据，缺少专业的数据管理人才，加之自身没有相对完善的IT部门能与业务部门协同处理数据，自然不太习惯利用数据去改善管理和进行决策

图8-4 实体零售商与电商的不同经营模式

以上所有这些都成为实体零售商转型的壁垒。不过，转型的壁垒并没有阻止实体零售商突破自我，实体零售商在总结经验和不断学习中加快了转型的步伐，在这一转型的过程中，探索出了如图8-5所示的三种模式。

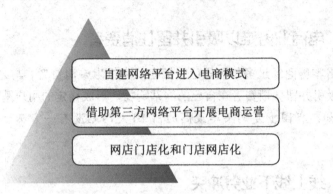

图8-5　实体零售商向电商转型的模式

8.3.1　自建网络平台进入电商模式

这类"触电"模式的主要特点如下。

（1）通过建立网上商城，实现线上和线下的共同销售。

比如，大商集团的天狗网，顾客在门店试衣后发现小了或颜色不对，想要其他尺码或别的颜色，门店没有，就可以通过扫码获悉各地库存，现场下单后品牌商直接发货到家。

（2）借助实体店的物流配送或者门店分布优势，来完成O2O模式的打造。

比如，大润发在全国有280多家门店，这些门店成为飞牛网的重要推广渠道，成为快递包裹的中转站和自提点。

（3）自建网络平台的零售企业，几乎都以打造全渠道零售为长远发展目标。

以步步高集团为例，2013年步步高网上商城上线，2014年云猴网大平台开始运行。这个大平台由大电商平台、大物流平台、大便利平台、大会员平台、大支付平台组成。步步高电商负责人称，步步高要打造"全渠道、全业态、全品类"的O2O本土网购平台。

8.3.2　借助第三方网络平台开展电商运营

在这类模式中，有以下两种不同的方式。

（1）直接利用现有的第三方网络平台。

比如，永辉的微店和王府井的微信支付，均是直接采用腾讯所提供的网络平台打造网上零售。不同的只是，永辉充分发挥自己的门店分布优势，实现线上订货，门店提货；而王府井则主要是借助微信来方便支付，同时也可以帮助自己进行网络营销。

（2）与网络公司合作打造自己的网络平台。

比如，万达集团采用的就是这种方式。当然，这主要是由于万达旗下的业态比较丰富，包括了商业地产、高级酒店、旅游投资、文化产业、连锁百货，在线上很难找到一种统一的方法能适用于所有领域。因而，万达与网络公司合作，有助于探索适合自己的电商模式。

8.3.3 网店门店化和门店网店化

这是一种较为普遍的O2O模式，通过门店与网店的相互转换，既方便消费者线上线下的模式切换，也便于零售商进行商品管理和消费者数据跟踪。

以苏宁广场为例，其基于自身线下平台优势，以O2O双线融合的战略布局为依托，整合苏宁集团线上资源——苏宁易购、红孩子等，初步做到网店门店化。这样不仅可为线上商户提供更广阔的展示平台，也能为消费者提供"新颖、智能、便捷、时尚"的购物体验；同时，还将通过广场及O2O体验店的持续运营推进门店网络化，让更多的商户入驻苏宁易购开放平台，扩大商品的销售范围，消费者也可以随心畅享线上线下自由切换的消费方式。

相关链接

传统卖场向数字化转型

疫情影响了人们的消费理念与生活方式，也倒逼零售服务商的应变与升级。受疫情影响，我国零售行业发生深刻变革，有的传统商场（超市）到店客流急剧下降，在这样的背景下，苏宁家乐福等传统卖场抓住机会加速推进数字化，大幅提升到家服务能力，疫情之中逆势上扬，在实现自身蜕变的同时也给整个行业带来启示。

2020年4月27日，央视《经济半小时》以苏宁家乐福和物美为样本，对我国传统卖场的数字化转型做了深度解析。

1. 家乐福的突围战

疫情期间，家乐福到店销售受到一定影响，线上订单却成倍增长。数据显示，在疫情最严重的2月份，家乐福到家业务订单增长412%，其中九成以上订单包含生鲜果蔬。

从一季度来看，家乐福到家业务销售占比逐月快速提升，虽然疫情期间保供成本有所增加，家乐福业绩却稳步提升，经营性现金流同比改善明显，在加入苏宁大家庭后已连续第二个季度实现盈利。

在整个零售行业都承受巨大压力的情况下，家乐福是如何实现逆势上扬的呢？

疫情期间，虽然一些品类，如生鲜的到家业务需求量猛增，很多零售商接到的订单不少，但苦于人力不足、供应链跟不上等原因，面临商品缺货、配送跟不上等问题。实体零售发展到家业务，涉及软件匹配、仓储、分拣和配送管理等很多问题，考验线上线下渠道的融合，不是仅仅在线上开店那么简单。

然而对于家乐福来说，这些都不是问题。

在2019年夏天收购家乐福中国80%股权后，苏宁就着手对家乐福进行全场景零售的融合改造，具体包括商品供应链整合、门店数字化升级、物流仓储资源整合、会员打通等诸多方面。家乐福自身的供应链优势嫁接苏宁的流量，并与苏宁大快消供应链进行整合，内功进一步提升。

加入苏宁不久，家乐福就开始逐步升级到家业务。2019年"双十一"期间，家乐福快速融入苏宁"1小时场景生活圈"建设，升级版的快拣仓在南京、上海试点上线。2019年底，苏宁金融旗下苏宁支付全面接入家乐福，家乐福旗舰店在苏宁易购上线，家乐福和苏宁产业融合进一步深化。

疫情暴发后，家乐福到家业务布局再次提速，在配送时效、覆盖范围、经营品类等方面都不断提升。截至2020年4月，全国200多家家乐福门店可提供"3公里1小时达""10公里半日达""最高一日三送"等不同时效的配送服务，覆盖51个城市的35万个社区。

在门店的数字化改造方面，为了提高履约能力，家乐福门店增设前置仓，打造店仓一体化的新模式。在履约时效、综合履约成本、场景匹配方面，家乐福都已经走在行业前列。

如何通过技术升级提高服务能力和效率，这是家乐福数字化转型的基本诉求。

家乐福的门店经营面积动辄上万平方米，商品多达数万种。用户从网上下单后，要在偌大的卖场快速完成几十种商品的拣货并非易事。一款名叫"微仓"的手机拣货软件的上线，让这一繁重的工作变得更加简单：每件商品"有图有真相",拣货员一目了然就能找到用户想要的商品,而且"微仓"还会为拣货员自动规划最佳拣货路线,大大节省时间,不跑冤枉路。

苏宁科技集团有关负责人介绍,这款"微仓"软件的应用就能将拣货效率提升40%,未来家乐福将在更多方面应用智能供应链系统,做到提前预测,提升履约效率,用数据跑腿代替人工跑腿,减少时间和人力成本。

2.家乐福给零售行业带来的启示

虽然实体零售商的经营模式有很多种,在疫情下受到的影响也有差别,但零售行业在这次疫情中也集中爆发出一些普遍性的问题,提升实体零售的"抗风险"能力势在必行。

知名零售专家厉玲认为,中国零售企业从商品研发、物流配送、到家服务,以及价格控制等方面,还有很多工作可以做。

以家乐福的转型为例,在加入苏宁半年多的时间里,一方面家乐福自身强化运营、提质增效,另一方面则借助苏宁的科技赋能,实现全场景融合改造。

经过苏宁的数字化改造,家乐福在供应链、物流、会员、门店数字化等方面都有较大提升,并与苏宁原有资源融合,最终达成"1+1>2"的效果。

家乐福由此前单一的线下渠道向全渠道转型,用户既可以到店消费,也可以网上下单配送到家。而经过数字化改造之后的家乐福门店,消费体验也大大优化。

实体零售要反思的是门店的高投入、低效益所导致的成本居高不下,单一渠道难以满足消费需求变化,获取流量困难等问题。因此实体零售转型应该从两方面入手,一方面夯实基本功,强化供应链,与此同时,开拓线上渠道,获取流量,并将线上线下打通、融合。

如今零售业发展的趋势是线上线下愈发不可分割。消费者购买渠道多样化,零售场景和流量入口进一步碎片化。实体零售应基于"人、货、场"三大要素出发,既要全力拥抱全渠道,也要进一步挖掘和发挥门店优势,提供更优质、更便捷的服务。

正如央视评论所言:新的零售主体和新的零售方式,正在改变着人们的生活,改变着市场运行的规则,数字技术在这场疫情的考验中,已经显示了它强大的魅力,危难之时抓住机遇,未来的道路就能走得更远、更稳健。

8.4 向电商转型的策略

如今,越来越多的商场(超市)尝试向电商转型,他们认识到线上和线下结合的重要性,对今后的发展方向有了更清醒的认识,并转化为更符合互联网时代需要的转型策略和行动,具体可归纳为图8-6所示的几点。

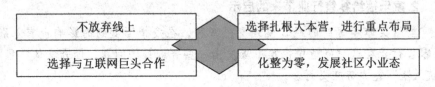

图8-6 向电商转型的策略

8.4.1 不放弃线上

商场(超市)自己成为大型电商的可能性已被证明并不现实,但线上作为成交和品牌展示的重要补充窗口不可或缺,因此线上平台从PC端到移动端都要继续做下去。

8.4.2 选择与互联网巨头合作

既然线上做不过品牌电商,那不妨选择和他们合作。合作可以两种形式展开,一种是敞开怀抱,接受互联网巨头注资入股。

比如,腾讯入股永辉、家乐福、步步高、万达商业,阿里入股高鑫零售(大润发母公司)、百联、苏宁,因此线下零售行业被划分成了阿里系、腾讯京东系和以物美为代表的第三阵营。

另一种是借助腾讯、阿里开发的数字化产品和工具。

比如,腾讯推出的帮助消费者自助扫码结账的"扫码购"小程序,被永辉、家乐福、沃尔玛等纷纷采用,促进以上连锁超市的数字化用户快速增长。2018年8月下旬,家乐福官方对外透露,其"扫码购"小程序短短数月内用户数就突破800万,占总用户数的20%,且在持续快速增长中。

8.4.3 选择扎根大本营,进行重点布局

由于开设门店的资本和人力投入大,商场(超市)很难在全国实现以万计的

门店复制，就算连锁超市龙头华润在全国也只有3000余家超市门店。因此企业应放弃在全国全面开花的想法，而选择在自己扎根最牢的城市和区域重点布局。

比如，华润放弃北京和山东市场而力保华东、华南，物美深耕北京，家家悦独霸山东，中百回缩湖北，永辉以福建和重庆为主力市场，这些都是基于重点布局的逻辑所做出的选择。

8.4.4 化整为零，发展社区小业态

商品品类齐全作为大体量商场（超市）曾经引以为傲的优势，在阿里、京东等电商平台面前显得不值一提。通过大体量、百货品类齐全来吸引消费者的做法已经过时，化整为零，缩小体量，通过大力发展小业态的便利店来争夺消费者，是更加灵活的一种做法。

除以上策略和做法之外，精细经营、多元服务、试水物流等，也成为商场（超市）的重要选择，其总的转型方向是向新零售模式靠拢。

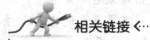
相关链接

老字号商场借助抖音加速转型

进入阳春三月，天气冷暖交替，冬装开始甩货，春装陆续上市，传统商场进入到换季热销的旺季。往年此时，双休日的商场客流量暴增。但2020年的全球新冠疫情为线下消费按下了暂停键，随着疫情的好转，线下商场人流缓慢复苏，但仍然难以支撑商家的运营，众多商场开始启动线上直播带货，寻求营收增长的新模式。

经历了百年风雨的东安市场，带动了王府井商业大街的兴旺和繁华，更成为一代代北京人的生活记忆。面对疫情的压力，这家京城老字号商场经过短时间的高效准备，一周时间完成抖音小店入驻，并在2020年3月19日开启线上直播带货模式。此次直播时长6小时，联动商城众多品类，54个"爆品"，总卖货量100+件多品牌商品，直播最高人数达6200+，观看人数连续两小时都在6000人以上，抖音账号新增粉丝2300多名，互动数超过99%的同时段其他同类直播。

1. 线上直播的营销场景的维度拓展，百年老店逆境新生

据悉，凭借着竖屏高沉浸度、强互动的优势，抖音直播带货成为众多商场的首选。疫情之下，抖音直播对营销场景的拓维尤为重要。

据介绍，2020年3月19日下午4点，东安市场的官方抖音号"东安轻松一刻"直播间在1小时内涌入超过6000名观众，资深主播"小水"带领网友"屏前"逛东安市场，通过主播带动性的引导，在持续的互动中，直播间观众积极发送弹幕刷屏。配合直播过程中的限时秒杀价、抢购特价等多样的直播玩法，不断烘托抢购优惠的氛围，进一步调动用户的参与热情，直接带动销售。

线上的客流承载力和影响范围远超线下，此次直播活动为东安市场开拓出更广阔的营销场景。东安市场消费覆盖区域突破城市的地域限制，面向全国消费者进行销售。传统北京区域的老顾客，已经形成了固定的消费习惯，这次他们可以通过线上便捷地完成购物。而大量来自北京区域以外的网友，也成了东安市场的消费者，线上直播使其更加了解东安市场，也提升了品牌的知名度。

除了线上交易外，本次直播还触发了用户的深度互动，评论区中不少东安市场的老顾客力挺这次直播，也有新顾客表示等疫情结束后一定要"打卡"东安市场，更有外地顾客表示，再来北京旅游，一定要去逛逛这家商场。疫情之下，百年老店通过直播带货，寻找到了逆境新生的渠道。

2. 找准线下转线上的关键点，冷启动也能立竿见影

疫情当下，线下消费场景暂时冷却，普通用户的文娱、社交和消费需求快速转到线上，这也催生了云健身、云监工、云旅游、云蹦迪等多种多样的云生活浪潮。云逛街作为传统购物中心运营升级的方式，线下转线上需要解决流量和转化两大关键点。

在流量层面，东安市场的官方抖音号在2020年1月中旬才开通，在抖音的扶持下，快速开通了购物车权限和抖音小店。在日常运营中，担当男主播的是东安市场部资深段子手"小宇哥"，能唱能跳能带货。虽然抖音号刚建立不久，但也积累下了一定的人气。此次直播中更是邀请专业的带货主播"小水""小宇哥"作为主播助理，给用户带来全面的线上逛街体验。

抖音在2020年3月初推出了"云逛街，线上不打烊"项目，整合10亿流量扶持线上直播带货。东安市场的直播是"云逛街"项目在北京区域的首场直播，抖音官方根据此次内容特点、用户在平台上的核心行为与内容进行匹配，定向分发给感兴趣的用户，提供流量扶持。同时，抖音的同城页的用户更是商场的目标消费群体，也会给直播间带来一定的流量。

在转化层面，东安市场通过直播时间、直播选品和激励政策等进行针对性的规划。此次直播从下午4点持续到晚上10点，跨越实体店2小时的营业时段和4小时闭店时段，覆盖消费者上网的高峰时段。在选品上，东安市场以换季时期热销的服饰、鞋帽、家纺类商品为主，既有COACH、CK这样的国际大牌，也有圣迪奥、巴拉巴拉等本土品牌；同时推出受疫情影响快速增长的小家电品类，像便携式电水壶。直播销售不仅迎合消费者需求，单品折扣力度也能做到最大化。在直播过程中，通过抽奖等激励措施，鼓励消费者下单购买，消费者可以通过"小店"电商平台便捷购物通道，直接"边看直播边跳转下单"。

通过对流量和转化两个关键点的突破，东安市场这次直播带货观看人数连续2小时都在6000人以上，让参与的商家看到了新的成长空间。此次没参与直播的品牌也跃跃欲试，想加入到下次直播中去。东安市场找准线下转线上的关键点，直播带货的冷启动也能收到立竿见影的销售效果。王府井东安市场市场营销负责人表示，在特殊时期，商场抓住抖音直播的机遇，通过创新方式促进企业转型，为商场年轻化提供更好的方式，也为商场储备充足的线上流量。

对东安市场来说，这次直播带货不仅是简单的"急救式"短期补偿举措，更让线下商场构建起新的获客方式，推动商场完成线上营销场景的拓维布局，突破城市区域限制，面向全国进行营销推广。未来，东安市场更可以围绕着抖音企业号，以内容驱动积累粉丝，激活线下存量会员资源，对品牌进行长线运营，释放出商场经营的更多可能性。

8.5　全渠道扩展转型

在目前实体零售店转型浪潮中，有两大主流方向，一大方向是实体门店升级改造，提高商品力和供应链效率，所谓"修炼内功"；另一大方向便是扩展全渠道，增加商品与消费者接触的触点，以应对行业"寒冬"。

按照官方的定义，所谓全渠道零售（Omni-channel Retailing），就是企业为了满足消费者任何时候、任何地点、任何方式购买的需求，采取实体渠道、电子商务渠道和移动电子商务渠道整合的方式销售商品或服务，提供给顾客无差别的购买体验。

那么，实体零售商所说的全渠道到底是什么，如何以正确的姿态拥抱全渠道？具体措施如图8-7所示。

图8-7 拥抱全渠道的措施

8.5.1 渠道的本质是触点，全渠道就是多触点

在PC时代，以B2C为主要模式的电商成为实体零售商开展全渠道的主要途径。很多零售企业家认为，开展全渠道就是创办一个电商网站。在当时，确实有不少实体零售企业投入不菲，建立了自己企业的B2C网站平台。

但随着微信、基于移动端各种O2O工具的推出，企业开发的基于线下商品电子化的App应用程序成为新的流行渠道。零售商这才发现，全渠道并不单指自己开发B2C电商网站，借助第三方平台亦可实现企业的全渠道战略。

事实上渠道的本质就是与消费者接触的触点，全渠道就是多触点。随着互联网应用不断发展，未来有越来越多新的渠道诞生，零售商便可根据需要随时调整战略，选择自己企业的渠道。

> **小提示**
>
> 按照渠道即触点的概念，零售商过去一些目录销售、电视销售甚至一些异业联盟的销售都可以视为全渠道，只不过当时没有这么一种说法而已。

8.5.2 全渠道是手段而不是目的

在实体零售店开展全渠道过程中，随着IT技术和互联网应用的不断深入，一些企业开始迷失方向，忘记了自己要做全渠道的目的是什么，具体表现如图8-8所示。

- 企业家对日益新潮的概念越来越感兴趣
- 企业全渠道设计架构越来越复杂
- 基本的商业逻辑越来越模糊
- 一些构想的盈利模式甚至令人匪夷所思

图8-8 企业在开展全渠道过程中迷失方向的表现

全渠道是实体零售企业为了加速转型应对"寒冬"的重要手段,但很多时候,企业往往不知不觉将其误认为是目的,最终导致"为了全渠道而全渠道"。

一旦将全渠道视为目的,企业便会迷失方向,什么技术最新潮便采用什么技术,什么概念最新鲜便照搬什么概念,其最终的结果是"试遍所有渠道,依然做不好零售"。

8.5.3 全渠道要分清主次

实体零售商要开展全渠道,一个不能回避的问题是,线下和线上,谁是主、谁是次,谁为谁服务?

实体店开展全渠道的历程,一般会经历这样几个阶段,具体如图8-9所示。

首先是线上线下并举,或者说线上线下各自为战	比如,步步高在最初进军PC端电商的时候,其电商业务步步高商城与线下实体的步步高便是采取线上线下并举的策略
其次,经历了第一个阶段并不成功的尝试之后,实体零售商开始反思,如何将线上线下打通,如何将线上与线下进行充分整合	比如,苏宁易购与苏宁电器线上线下进行同价销售,并在后台打通了商品的供应链环节
在全渠道"烧"了一大把钱之后,实体零售商开始回归理智,将全渠道战略调整为线下实体为主、线上为辅,线上服务线下的主次分明的战略	比如,天虹借助微信实现了线上辅助线下的功能,其移动端的电商看到了盈利的曙光;再比如,优衣库、宜家等零售企业很巧妙发挥互联网的一切优势,用以辅助线下实体店的销售

图8-9 实体店开展全渠道的历程

8.5.4 全渠道要量体裁衣

如前所述，渠道即触点，任何能够接触到目标顾客群并达成交易的触点都可被视为渠道。而在移动互联网时代，越来越多的第三方平台将成为实体零售商可供选择的触点，具体如图8-10所示。

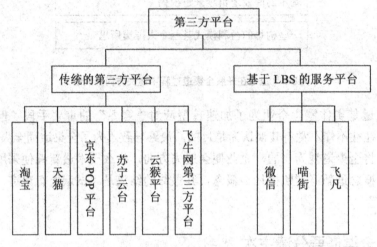

图8-10 第三方平台

与此同时，实体零售商亦可自建平台或者自己开发App。

因此，面对可供选择的各个渠道，实体零售商要根据自己企业的特点来量体裁衣打造自己的全渠道战略。

比如，步步高在尝试了PC端电商、基于LBS（Location Based Sevice，定位服务）的云猴App之后最终找到了以跨境电商和生鲜电商为突破口的适合自己的全渠道战略。

再比如，天虹全渠道战略也是经历了PC端到移动端的转变，最终形成"网上天虹+天虹微品+天虹微信+虹领巾"的"实体店+PC端+移动端"立体电商模式。

由此可见，实体店全渠道战略该如何布局，该如何选择适合自身条件的全渠道，这需要企业家深思熟虑，为自己的全渠道战略量体裁衣。

8.5.5 全渠道的核心是商品与服务

2015美国零售百强报告显示，全渠道的核心是消费者。报告指出，美国实体店运营商在全渠道领域取得较好的成就，其原因就是他们对消费者的深入研究和对消费行为的洞察。

所谓殊途同归，实体零售商开展全渠道，其核心应该聚焦在零售业的本质——商品和服务上面，而不是令人头晕目眩的新概念、新技术上面，如图8-11所示。

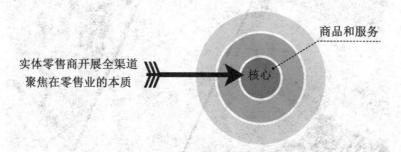

图8-11 零售业开展全渠道的核心

诚然，互联网技术的进化提供给实体零售商更多与消费者接触的触点，但是要做好零售，本质就是要做好商品与服务，否则，触点再多，也无人问津。

 相关链接

传统超市应对"寒冬"，向全渠道零售商转型

毋庸置疑，在电商冲击、实体店经营模式标准单一等因素的影响下，传统超市业最近两年已经集体步入"寒冬"。在这场"寒冬"中，众多传统超市并未坐以待毙，而是在应对挑战中持续创新、变革，调整自身以满足日益升级的客户需求，通过线上线下融合、全渠道发展应对竞争，努力赢得市场。

1. 智能转型，自助收银成超市新标配

2018年11月24日，沃尔玛学士店正式开门迎客。位于洋湖时代广场的这家超市成为洋湖片区的首家大型超市，开业当天，人气火爆，不仅填补了洋湖片区的空白，更重要的是，这家门店是新零售时代沃尔玛新门店的一个样板。

这家沃尔玛门店启用了不少最小的"智能"零售方式，比如开通了"扫码购"服务，消费者通过微信小程序"扫码购"，无需在收银台前排队，也无需下载App，只要打开手机扫一扫商品条形码，就可自行完成付款。

其实,"扫码购"这一小程序已经成为沃尔玛门店的标配,已经推广到近400家沃尔玛门店,用户超过1500万,有超过三成顾客选择使用"扫码购"付款,这种新的自助结账方式也得到顾客的欢迎。有很多顾客认为,以前来超市购物最纠结的就是买单排队太长,体验感大大降低,如今有了"扫码购"之后,方便多了。

这一新兴的自助结账方式也已经成为转型后各大超市的标配。在长沙的天虹超市、家乐福超市等各大超市的收银处,或改造或重新开辟出"扫码购"区域,方便消费者在更短的时间内实现快捷买单。

2.加强第三方合作:一小时送货到家,线上线下无缝衔接

传统超市转型的另一个亮点是,各大超市纷纷与第三方开展合作,开通了网上下单、一小时送达服务,实现线上线下大融合。

比如,沃尔玛各大门店与京东到家合作,为周边三公里消费者提供送货到家服务。消费者在京东到家App上下单后,在一小时内就能收到购买的商品,目前,沃尔玛在京东到家上的商品有两千多种,全部直接从门店发货,可满足大部分消费者生活购物需求。自从与京东到家开通此服务以来,门店三公里范围内的消费者的复购率大大提高。由于平台有补贴,更多的消费者选择通过京东到家下单,工作日下午下单,下班到家就能收到商品,非常便捷,体验感变得更好。

无独有偶,作为仓储式超市的典型代表,近年来麦德龙也与美团、饿了么进行了合作,缩短了麦德龙的商品送达客户的时间。同时,麦德龙相关负责人表示,麦德龙为满足客户多样化需求,提供了多样化的配送服务:物流中心送货、平台送货、商场送货、优速达及食品配送服务。其中,食品配送服务专注为餐饮行业客户提供数千种高品质商品，该服务有极具竞争力的价格，并配备一对一的专业客户经理，提供定制化的解决方案和一站式服务，进一步深化了与专业客户的联系与合作。

此外，麦德龙还完成所有门店与麦德龙网上商城的对接，同时与天猫等第三方平台广泛合作，进一步完善了线上线下无缝衔接的购物体验。

3.瞄准高端消费人群，精品超市销售业绩也喜人

近年来，为了满足消费者一站式"吃喝玩乐购"的需求，不少购物中心将"精品超市"作为主力店的标配之一。与超大面积的大型超市相比，这些精品超市商品品类和数量远没有传统超市多，多以精选和进口商品为主，同时，与某些大型超市人气寥寥形成鲜明对比的是，这些高端精品超市人气很不错。

"2018年的'双十一'当天，山姆会员店线上线下同步销售火爆，其中，戴森当天共销售了250多台机器，销售额超过75万，网红商品戴森卷发棒10月20日到店后就销售了68台，门店现无存货，超过20名会员预付了款项排队等货到。"山姆会员长沙店相关负责人表示，山姆会员店进入长沙仅一年多的时间，目前已集结数万会员。相关数据显示，2018年"双十一"期间，山姆会员店电商销售占比近25%，最快一单仅11分钟送到家，生鲜的销售量是去年的7倍。

4.业内观察：线上线下融合、全渠道零售不可逆转

在新零售大热的当下，各大超市改变的速度决定着其未来把控市场的能力。正如沃尔玛相关负责人所言，"改变的速度是沃尔玛这两年最大的改变"。经历阵痛的传统超市都在线上线下融合、全渠道发展上做了很多努力：一方面，加速度开店，积极开发新业态，开出紧凑型大卖场、惠选智能超市、云仓等；另一方面，加强与腾讯、京东以及初创企业的合作。

"线上线下融合的全渠道零售是未来不可逆转的大趋势"，一位行业资深人士分享道。电商给实体零售带来冲击的同时，也给实体零售带来了改变的方向和动力，正如数字化企业正在积极拓展线下业务，学习实体零售如何服务客户、支持员工、做好实体的老技能一样，线下实体零售企业也要加速数字化、学习新的技术。

第9章
O2O跨越发展

📖 **导言** ▶▶▶

相比传统实体零售的不便利性、传统电商的体验不足，零售O2O的跨越式发展，着实能让消费者体验到"鱼与熊掌兼得"的好处。伴随着大数据、云技术、社交工具、移动支付等新技术、新工具的应用，零售O2O的跨越式发展已是不可阻挡的趋势。

9.1　O2O 转型存在的问题

O2O 是指线下的实体店铺与线上的互联网结合，产业链既可涉及线上，又可涉及线下，包含了线上到线下的全部商业理念与行为，因此绝对不是简单相加的效果。

O2O 模式风生水起，许多企业都争相应用，目前需要注意的是，实体商场（超市）O2O 转型中存在着图 9-1 所示的问题。

图 9-1　实体商超 O2O 转型的问题

9.1.1　基础不足

比起北美和欧洲同行，中国零售商在库存、供应链和品类管理、客户分析和服务质量等方面的基本素质都有待提高。这是可以理解的，因为中国零售连锁业的历史比西方国家短很多。中国零售商进步很快，但仍需继续努力。如果零售商受到进一步的压力影响时，问题可能会成倍增加。

9.1.2　目标不明确

对于需要达到的成绩，许多零售商都缺乏明确的目标。并非所有的措施都能或应该用相同的指标来衡量。零售商必须根据预期结果来将各种措施分组，如图 9-2 所示。

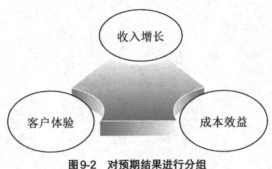

图 9-2　对预期结果进行分组

> 上述分组一旦建立,就应该将投资按优先顺序进行处理。

9.1.3　组织架构层面的挑战

大多数零售决策者强调,在推动全渠道的过程中,存在不少困难,原因之一在于企业内部的融合是非常困难的过程。众多零售商仍面临图9-3所示的挑战。

图9-3　组织架构层面的挑战

9.1.4　人才短缺

人才短缺问题是建立强大数字团队的另一障碍。报酬模型和关键绩效指标是必不可少的。

比如,销售收入是否为唯一指标;如何在公平公正的基础上进行分配;部门负责人如何在营销计划的成本分配上达成共识;会计系统应该怎样改变,来为各部门负责人提供正确的数据。

9.1.5　了解客户

目前B2C和O2O活动在很大程度上都与市场营销和促销相关。为了更深入地了解客户,还需要加大力度。企业可成立专门团队分析来自不同渠道和设备的数据,形成"整合性客户观点";结合市场调研及内部客户资料分析所取得的成果,推动差异化客户体验并提供个性化的促销活动。

9.1.6　商品组合及定价

实体零售店趋向于建立宽泛的商品组合,该组合拥有许多库存单位和统一的线上线下定价。这可能引起毛利率下降及存货滞销。零售商必须做到图9-4所示的两点，来提高毛利率、存货周转率以及客户满意度。

图9-4 提高毛利率、存货周转率及客户满意度的方法

9.2 O2O有效融合的措施

当众多的互联网企业在O2O领域的盲目跟风热潮过去，资本的狂热回归冷静，O2O也就真正迎来了一个良性的发展空间，而实体零售企业将在O2O上真正有了发力的机会。拥有丰富的线下资源且在线上正在逐步摸到门路的实体零售企业，就能对符合自身的O2O业务进行资源的有效整合，并通过商业模式和产品服务的双重差异化，在市场上找到立足之地。

那么，作为实体零售企业，应该如何才能做到O2O的有效融合呢？具体措施如图9-5所示。

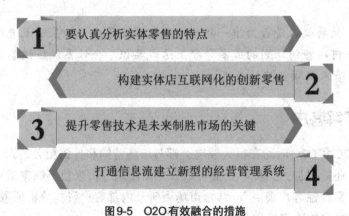

图9-5 O2O有效融合的措施

9.2.1 要认真分析实体零售的特点

和网络零售相比，实体零售企业最大的弊端如图9-6所示。

1. 受营业时间、员工能力、店面位置等主客观条件所限,新客转化率和老客召回率较低,缺少经营顾客的方法和路径

2. 门店店长及销售人员往往并不清楚来访客户的消费习惯,也无法获悉客户是否为其会员或VIP

3. 门店营销物料占用成本较高,且效果无法监测

4. 在门店经营管理上依然很落后,采取传统的经营管理模式,效率低下、成本高

图9-6 实体零售企业的弊端

但实体店仍然有很多优点,尤其是实体店的体验和便利,仍然很具有吸引力。尽管各渠道的购物体验均在改善,但从"用户体验感"的角度看,实体店仍然占有绝对优势。

9.2.2 构建实体店互联网化的创新零售

针对上述分析,作为零售企业,必须要"拆掉实体店的墙",通过建立真正的O2O,打破线下实体店营业时间、店面位置、货架空间等的限制,延伸实体店线上销售功能,让顾客享受全渠道、全天候随心购物体验,提升顾客销售转化与离店顾客的再次复购。

实体零售店的互联网化,一般会经历三个不同阶段,具体如图9-7所示。

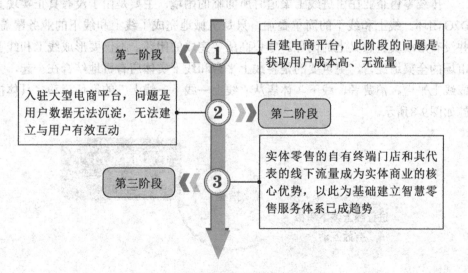

图9-7 实体零售店互联网化经历的阶段

9.2.3 提升零售技术是未来制胜市场的关键

连锁复制的模式已经不再是重点,零售技术的提升才是未来制胜市场的关键。

比如,安徽乐城超市这样的企业,正是通过零售技术的提升,用不对称的战略,打破了行业的固有平衡,从而获得了市场的认同。

这种零售技术的提升不仅仅包括提升支付方式、数据对接等,也包括深耕精细化、创新业态、打破原有门店模式、重塑供应链等。

比如,为了给消费者带来更好的购物体验,安徽乐城超市从国外引进当时世界上最为先进的智能光电感应门系统,同时率先使用电子标签,包括生鲜区也使用电子看板,给消费者提供最有品质的购物体验。

9.2.4 打通信息流建立新型的经营管理系统

打通信息流的方法就是打通零售企业内部营销、商品、服务、组织协调等所有的营销环节,打破信息屏障。

利用移动互联网工具让企业重塑业务流程,实现从总部到门店之间,管理者到督导、店长、导购之间实时互动、扁平沟通,将企业和个人联系起来,使进度可视化、成本可视化,从而建立一个成本最小化、效益最大化的经营管理系统。

9.3 构建O2O生态闭环

传统零售企业在引进线上渠道时所面临的困境,主要是由于没有真正实现其O2O闭环。线上和线下的简单叠加,只是机械地完成了线上和线下的业务覆盖,并没有形成真正意义上的闭环。零售商所要完成的闭环,不仅要形成线上和线下市场的全渠道经营,更重要的是将线上平台和线下实体店有机地结合在一起,完成线上平台、消费者、线下实体店从"线上—线下—线上"的循环流动。具体措施如图9-8所示。

图9-8 构建O2O生态闭环的措施

9.3.1 进行线上线下积极有效互动

一方面，在传统零售业具有诸多优势的条件下，企业应将线上业务发展成自身提高销售业绩的另一种渠道。经过转型，新兴的O2O零售商将线上和线下渠道充分融合，通过不断发展，形成一种品类新、质量佳的全面商品供应的业态。除此之外，线下零售店可以为线上零售提供优质的售后服务，在一定程度上防止了部分消费者将线上销售商品定义为低质量商品。

另一方面，线上业务也有其天然的优势。线上渠道可以扩大传统零售商的影响范围和辐射面积，使零售商的品牌影响力渗透到过去无法涉及的市场。在互联网时代，许多传统优势零售商涉足电商行业，借助于强大的品牌效应、产品供应和物流保障体系，使得线上渠道和线下渠道的融合激发出更大的潜力。例如，线上渠道的加入使得传统零售打破了原有的时间和空间的限制，实现了与各级、各地市场的全方位对接。

9.3.2 打造涵盖线上线下市场的零售商品牌

根据消费者的习惯，大多数消费者在线购买商品时，首先关注商品的品牌，因此，线上品牌的发展规律也会与线下发展一致。同时，线上渠道与线下渠道的区别只是将交易平台移到了网上，并没有改变消费者购物的不确定性，并且和传统购物相比，消费者单位时间能够搜寻的店铺和商品更多。面对琳琅满目的商品又不能实体感知，消费者强化主观偏好，迷失在海量商品中也就成为常态，品牌自然成为网络购物的关键。

"鼠标+配送"的线上购买模式不会完全取代线下购买，两种渠道应该利用好自身优势，形成互补。各零售商应该充分发挥自己接近一线市场、了解消费需求的优势，将线下渠道与线上渠道有机结合，重新打造产品供应模式，打造涵盖线上线下市场的零售商品牌。

 相关链接

如何把O2O模式应用到零售实体商店

这几年，随着网络营销的不断兴起，许多零售实体商店都已建设起了自己的网站，有的还纷纷加入了第三方电商平台开设网上商城（不只在天猫上开设商城，在京东、唯品会、当当等平台上也纷纷入驻），为了实现销售业绩的最大化，不惜花大成本投入到电商领域。我们也可以意识到，其实线上的电商成本不比线下的店铺成本低，但是同样的成本投入两者所带来的销售额并不相同，因此很多零售实体店的老板心里都没有底，到底线上做电商得花多少钱才算合适。

因此，对于零售实体商店，不管是什么行业，建议不要为了扩大销售渠道，直接以线上开设网店商城的形式进行引流，而是先把线上当成是一种营销渠道即可。对于这些规模比较小的零售实体商店，不用在一开始就直接投入那么高的成本，而可以采用O2O模式来做，将O2O模式应用到实体商店，既能照顾线下，又能兼顾线上，两者兼得，等到一定的阶段再进行营销策略的调整。O2O在零售实体商店中其实有很多的实用技巧可以采用，以下列出几个方面。

1. 采用新品试用策略

零售实体商店经常都会推出一些新品，如果能够利用这一机会进行"新品试用推广"，就可以改变以前在门店附近到处找人的模式，而是开设类似"新品试用"专区，让特定的客户直接到商店进行体验。通过现有互联网上的社会化营销，如利用微信、微博等途径吸引人到新品试用专区，进而带动店铺其他非新品的销售。同时，由于试用品的数量有限，零售实体商店也不必付出太多成本。

2. 实体商店应该专注品牌营销

不管零售实体商店是自营的还是销售其他零售品牌的商品，在利用O2O方式进行营销的时候应该注重"品牌营销"。如通过微博、微信发布活动时，可在宣传中突出是"×××知名品牌展销会"之类的，这样可以让用户在线上的宣传中看到他们关注的品牌，来店里购买的用户就不会是那种没有目的的客户群体，而是对这些品牌具有很强接受性的用户。

3. 利用会员卡等电子化形式吸引资金

零售实体商店难免偶尔会遇到资金周转问题，而O2O最大的好处就是线下的可以提供相应的电子凭证。会员卡或预付卡也是一种凭证，只不过是把电子凭证写入到实体卡芯片当中。预付卡或会员卡作为一种O2O模式的工具，可以让用户心里有一定的安全感，因为把钱充值到了预付卡当中，和银行卡一样，不仅线下的可以使用，线上的也可以消费，加上会员卡的积分活动，用户觉得很划算。

4.使用情感策略进行营销

O2O模式在零售实体商店中,同样可以扮演情感的传递使者。零售实体商店为发展市场上的客户,可以采用O2O模式提供"送礼品传情"的服务。用户向零售实体店铺采购电子形式的礼品之后,可以将礼品通过App、短信验证码、电子彩信优惠券等方式发送给亲朋好友。企业也可以购买类似的电子产品服务赠送给员工,让员工凭电子券去实体店提货。这样被赠送的朋友或企业员工就可以通过小小的电子券感受到发送方的情感和心意。

O2O模式在零售实体店铺中的应用可以有多种多样的创新,如果能够利用好这些创新,那么即使规模再小的零售店都可以做到让人满意的业绩。在零售实体行业中,O2O模式的玩法其实很多,所以有互联网思维的零售实体商店的老板并不用因担心竞争的残酷而失去信心,O2O模式应用的前景是非常广阔的,最主要的是不用受到传统电子商务的思维的限制,以为O2O就是要做电商,就要"烧钱"。

9.4 推进O2O全渠道融合

当前我国已经进入互联网时代,互联网正在努力地拥抱每一个人,并推动每一个人去拥抱世界。现在O2O被称作全渠道,实际上这是信息化与流通领域的深度融合。今后将很难出现没有信息化的实体经济,也不会有不与实体经济相结合的电子商务。

对于商场(超市)这类零售企业来说,应通过图9-9所示的措施,来推进O2O全渠道的融合。

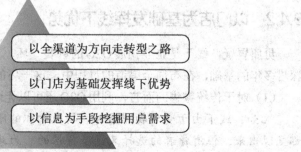

图9-9　推进O2O全渠道融合的措施

9.4.1 以全渠道为方向走转型之路

目前，包括苏宁云商、国美电器、宏图三胞、步步高、王府井百货、银泰百货、沃尔玛等在内的众多传统零售企业已经纷纷拥抱互联网，踏上了O2O全渠道的转型发展道路。

比如，提起王府井百货，很多人心中会给其打上古老和传统的标签，但在零售业"裂变"的过程中，王府井百货却走在时代前沿。王府井百货从2014年初就决定，要全面进行第三次创业，其围绕的核心是，如何打造互联网时代百货业的新型发展模式。以此为背景，王府井百货集团确定了全渠道发展的转型升级之路。这一年，王府井百货在门店覆盖了Wi-Fi，给导购配备了iPad，还引入了微信、支付宝等新型支付方式，并且大力拓展App、网上商城等新型购物渠道。

O2O全渠道融合，未来会有两个发展趋势，具体如图9-10所示。

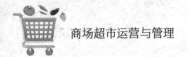

图9-10　O2O全渠道融合的趋势

利用大数据和移动互联网能够帮助零售企业在O2O未来的道路上走得更快。O2O代表了线上线下两端，在真正实施O2O的过程中，其实线下还是主流。所以企业拓展O2O更重要的是把线下的工作基础做扎实。

9.4.2 以门店为基础发挥线下优势

毋庸置疑，线下是企业拓展O2O的重要一环。实体门店是零售企业在零售业深耕多年的基础，在布局全渠道的过程中，这一环的作用不容忽视。

（1）对于传统零售商而言，利用O2O还可以无限放大门店的有限空间。

比如，线下由于受到物理条件、场地面积的限制，商家很难将所有的商品都呈现出来，但消费者的选择又是多样性的。为此，苏宁就将门店的后台系统与线上进行了打通，这充分利用了线上无限展示、陈列商品的功能。消费者去苏宁门店，如果看到自己想买的某款产品没有展示销售，放在过去消费者会流失，但现在苏宁可以引导消费者直接在线上进行购买，然后由苏宁将商品送货上门，这相当于拓宽了苏宁门店产品的丰富度。

（2）除了卖商品外，企业更重视的是门店的服务功能，这是电商所欠缺的。

比如，有网购经验的人都知道，如果对商品不满意需要退货，就必须把商品寄回给商家，这很麻烦。而苏宁打通线上线下两个渠道后，能够做到一旦消费者对商品不满意，可以到附近的任何一家苏宁门店进行退货。这一举措提高了消费者对苏宁的好感，甚至能够通过面对面服务将消费者不好的网购体验改变为好的体验。

（3）除此之外，企业还可以发挥门店的配送优势。

比如，苏宁位于北京的每家门店都有类似库房的设置，消费者下单后，苏宁会选取离消费者最近的门店发货。通过这种极速达服务，消费者从下单到收到商品，甚至只要一小时的时间。

9.4.3 以信息为手段挖掘用户需求

传统零售企业在会员管理、单品管理上的力度比较薄弱。而在全渠道背景下，以信息技术为手段，则能够改变零售企业在会员和单品管理上薄弱的现状，并以此为基础进而实现挖掘用户需求的目标。

比如，家乐福在全渠道背景下，线上和线下都有自身的发展空间，而创新和专业化则是所有业态生存和最终成功的关键。通过创新，目前家乐福已经将二维码技术应用到了加强食品安全上，特别是在农超对接的生鲜食品上，顾客到门店后，用手机扫一扫就能得知购买产品的源头信息。此外，家乐福还在利用社交网络，创新与消费者的沟通方式。家乐福每天会利用微博、微信去发布各种各样的话题，与超过700万的粉丝去做互动。

相关链接

线上线下无缝链接，传统超市大变模样

"这两年，好像突然之间，大家逛超市就少了。"有零售商这样感慨。随着线上的电商购物越来越红火，线下的新零售、无人超市等新型业态层出不穷，传统实体超市的吸引力似乎不如从前。

但实际上，遍布大街小巷的传统实体超市仍是生活中最常见的商业形态。

在线上线下的多重压力下,传统超市如何求变?他们怎样抓住年轻一代消费者?又将在人们的未来生活中扮演怎样的角色?

从精品超市、全渠道零售到"千店千面"的整体设计、"超市+便利店"的组合模式,再到生活"驿站"、共享书房等社区服务,传统实体超市正开展许多新尝试,人们印象中的传统超市也正大变模样。

1. 有逛头——弄懂顾客需求,调整商品结构,超市也可"风情"万种

"现在许多商品都是标准化的,大部分超市千篇一律,从商品品类、包装到货架摆放都没有太多新意。除非是以家庭为单位的大宗采购,平日里的确没有太多可逛的。"在北京工作的小周这样认为。她说,平时固定需要的日用品、食品等,有熟悉的品牌和类型,直接从网上下单快递到家,省了跑超市的时间,免了搬运的功夫,便利很多。

小周的观点代表了许多年轻人的想法。在网络电商的快速发展下,超市的部分功能已能被替代。近几年,实物商品网上零售额快速增长,据国家统计局数据,2018年增幅为25.4%。同期,限额以上零售业单位中的超市、百货店、专业店和专卖店零售额增幅为6.8%、3.2%、6.2%和1.8%。

实体超市还能吸引人吗?

"当下的竞争环境正好是我们静下心来研究自己的时候,要清楚我们的强项到底是什么。"北京超市发连锁股份有限公司董事长从业近四十年,表示这种线上"看不见""摸不着"、不知如何对付的感觉却是头一回。近几年,许多企业陆续创新求变,超市发把重点放在消费者身上。公司针对门店周边1.5到2公里的范围进行详细的客群研究,为顾客画像,再选取主顾客群有的放矢地进行营销。

理解消费者,超市发有了破题的思路:千店千面,做有温度的零售商。

一是提升门店设计。围绕主客群特征,超市发对门店进行改造。例如,北京双榆树店以中青年女性顾客为主,考虑到这类女性家中一般有老人和小孩,门店营造"温暖家"的氛围,专门开辟了大面积的乐高区域和老人服装区域;学院路店辐射周边高校,店面设计主打"科技+时尚",引进各式自助设备。二是改变商品结构。在以年轻顾客群为主的门店,超市发适量减少床品、日用品、厨具等商品,而增加新鲜蔬果、西式餐点、即食及进口和"网红"食品品类,在商品结构上与线上有所区分。改造后不少门店面貌一新,销售也迎来增长。例如,学院路店年轻客群占比升至54%,销售增长12%。

"环境变好了,商品挺新鲜,小孩儿还能玩,这样的超市更有逛头了。"正在超市发双榆树店带孩子购物的顾客说。

2. 有流量——携手移动互联网，线上合作，打造全渠道的购物体验

超市商品线上买、线下购物线上退……实际上，许多传统超市也早已不单是"线下"概念，他们或自建渠道，或依托合作伙伴，把超市搬到"线上"，探索线上线下融合发展。

2019年春节，沃尔玛就在门店、京东到家、京东旗舰店等渠道平台取得了积极的销售增长态势。例如，沃尔玛专供装商品销售额同比实现两位数增长，有单品在春节期间销售额突破500万元。

许多零售企业感受到竞争压力，而沃尔玛中国在电商业务和实体业务方面仍有较快增长。2018年，沃尔玛中国的电商成交总额增长近150%，连续3年获三位数增长；实体门店方面，鲜食销售占整体销售近1/4，自有品牌商品销售增长超过30%。

"全渠道"是沃尔玛对以上增长的关键解释。"我们相信全渠道是零售的未来。"沃尔玛中国公司事务部负责人表示。目前沃尔玛的微信小程序"扫码购"用户数量突破2000万，覆盖沃尔玛全国所有购物广场和惠选超市；京东到家"一小时达"服务拓展至全国250多家门店；全国设立云仓38个，商品和一小时送达服务覆盖更为广泛。

融合发展不是此消彼长。多位业内人士表示，线上更便捷，线下则主打体验，二者流量相互拉动，并没有出现之前担心的"去了线上就不来线下"的情况。线上线下互通，实际覆盖了更大范围和更多年龄段的消费者。

也有企业通过线上线下融合发展构建更加完善的售后服务网络，比如天虹股份北京公司就提供"线下购物线上任性退"保障，在线下门店购物，可在App发起退货申请，快递上门取货，消费者无需到店。

3. 有创新——精品优选、社区服务、共享书房等，超市正在大变样

家住湖南的小伍出门爱到当地自有品牌的超市逛一圈，一些当地供应的特色产品往往能在这里找到。这两年，小伍发现一些城市多了许多精品超市，它们"装修现代、陈列雅致，还有大量的进口商品，让超市也显得'高大上'起来"。相比传统大型生活超市，精品超市也是近些年出现的新形态，比如BHG、Ole'、Bravo YH等。

根据中国贸促会研究院的研究，各国零售业态发展经验表明，经济社会发展水平决定了零售业态的演变：一定的国民收入水平对应着一种占主导地位的零售业态。随着我国人均GDP不断提高，预示着网络零售进入成长期，仓储店、购物中心和精品专卖店开始出现。

除此之外，本土超市也在进行许多不一样的尝试。

刘大爷前几天专门跑了趟超市,不是买东西,是去修手机的。在北京超市发的许多门店,不仅仅有超市,还开辟了专门提供社区服务的"E中心",修鞋、洗衣、开锁、配钥匙、手机手表维修等常见需求能在这里找到相应的柜台。超市发四道口店专门开辟了150平方米的共享书房,4000册图书供读者免费阅读且每月更换,有桌椅板凳,24小时开放。前两天,超市发——罗森便利店的又一家新店开业了,这是超市发探索和便利店合作的新尝试。开业当天上午,门铃叮叮当当响个不停,有顾客说:"24小时,还有热饭热菜,挺好。"

未来超市将是什么形态?

"未来专注于社区服务,能准确把握客群特征,便利、贴心、规模适当的超市会有生命力。""未来超市将构筑起更完整的全渠道生态圈,打破界限,真正实现线上线下无缝链接,使顾客在任何时候、任何地点,以他们最希望的方式,更快地获得高质优价的商品。"

答案还有许多种。这些努力的方向,都在塑造超市的未来形态,改善人们的消费体验。

第10章
布局新零售

📖 导言 ▶▶▶

随着大数据时代的到来、消费群体的改变、消费观念的更新和购买力的不断提高,对零售行业提出的要求更高,零售业转型升级势在必行。

10.1 布局小业态

近些年,在电商、新零售等各种业态的冲击下,传统零售企业纷纷谋求转型,积极布局新零售,努力寻找新的赛道。

10.1.1 传统零售谋转型

互联网时代,传统零售正在面临前所未有的挑战。

一方面,消费升级背景下,国内消费市场发生了结构性变化,呈现出分层化、小众化、个性化等特点,与此同时,体验性、便捷性成了消费者新的需求。另一方面,随着网络技术的进步,包括电商、新零售、便利店等在内的零售形式层出不穷,基本可覆盖各类消费人群及消费场景。

面对市场环境的变化,传统零售的优势逐渐被削弱。尼尔森公司此前发布的《2017～2018年中国卖场超市购物者趋势研究报告》显示,2017年,消费者在大型商超的平均购物篮金额由2016年的180.1元降至170.8元。而在销售额和渗透率方面,卖场超市的市场份额持续被抢占,便利店的渗透率从2015年的38%上升至50%,增长速度超过卖场超市的渗透率回升速度。

在这样一种市场趋势下,传统零售转型迫在眉睫。值得一提的是,目前已经有部分企业主动做出尝试,其中,永辉超市推出超级物种、永辉生活、永辉mini等新业态;沃尔玛、家乐福等也在积极探讨转型,积极试水小业态、推进到家服务等。

10.1.2 大卖场小型化及小业态受追捧

传统零售的转型仍在摸索阶段,而在这个过程中,"大卖场小型化"成了行业共识。在业内人士看来,其势必会成为传统零售企业提升单位产出、优化品类结构的重要方向。

由于近年来消费者消费习惯的改变,小型门店的便利性贴合了消费者意愿,加上小业态的运营相对大店来说比较灵活,特别是未来的商业模式会朝着个性化、定制化方向延伸,小业态就发挥了重要的作用,有望成为未来最有活力的业态。

据了解,目前已有多家零售企业在布局小业态,物美主打多点便利店,沃尔玛也推出了惠选超市,华润万家更是凭借小业态品牌,如乐购express、VanGO便利店等率先抢占了赛道。

国内大多数零售企业都是以单一的大卖场业态起步的,并逐步经营到一定规模,而当未来发展市场空间受到一定局限时,大家都在尝试寻找新的突破。对于这些企业来说,小业态是一个机会点。

  相关链接

华润万家加速业态调整

早在2015年,华润万家就已经将小业态作为重点发展的主力业态。2018年,华润万家再次强调,未来将大力发展小业态。

经过近40年沉淀,华润万家已形成了以大卖场为主、其他业态为辅的多业态组合优势,其中大卖场在供应链建设方面的成功经验,可以向小业态推广覆盖,打造业态协同优势,而这将成为华润万家布局小业态的一大竞争力。

2019年3月,山东区域龙头家家悦发布公告称,华润万家将其在山东经营的7家门店委托家家悦进行管理,托管期为10年。

2019年4月,华润万家表示,在北京市场的业务将聚焦高端业态和小业态,大卖场业务将与北京物美集团进行合作。在山东市场,华润万家将旗下7家门店交与家家悦托管一事,是其业务调整的一种直接表现,未来华润万家在山东市场业务将聚焦高端业态。

对此,业内专业人士认为,华润万家的"主动式关店"实则是在不断地优化自身业务结构,当零售业态发生变化的时候,相关企业都应该主动地进行自我调整。

目前,华润万家正在集中力量专攻其自身新业态,比如其在不少区域都采取了调整策略,这次淡化北京市场的大卖场业态管理也是同理。同时,华润万家在收缩部分大卖场业务后,则转投到Ole'和blt这类高端超市方面,其还更加注重新零售业态的拓展,这都是华润万家在转型过程中的一些调整。

事实上,近年来华润万家一直致力于高端精品超市的发展。资料显示,华润万家旗下除了大卖场以外,还拥有苏果、Ole'、blt、V+、乐购express、VanGO等多个零售品牌,其中Ole'、blt等均定位高端业态。据了解,截至2018年年底,Ole'已经在国内27个城市拥有52家门店,成为国内精品超市代表性品牌。

业内人士指出,传统零售业态已无法满足消费者日益多元化的消费需求,高端消费者对于高档产品购买行为的要求不断提高，精品超市的市场需求正在逐渐增长。

"未来我们的业态重心会越来越注重匹配新生代消费群体的喜好，不断满足不同人群及场景的不同消费需求。"华润万家表示。

10.2 推广到家服务

当前许多零售商都在尝试到家模式，到家模式可以帮助商家抓取用户，同时也可建立商家与用户之间的联系，以达到有效激活用户的目的。

对零售企业来讲，目前一定要重视用户抓取。不能有效抓取用户，就会面临越来越严重的顾客流失问题。在目前的移动互联网快速发展的环境下，零售企业必须要尽快采取新的移动手段去有效抓取用户。而在抓取用户方面，到家模式可以发挥图10-1所示的作用。

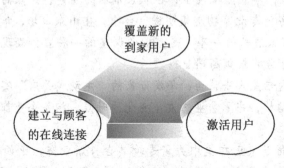

图10-1 到家模式的作用

10.2.1 覆盖新的到家用户

目前来看，需要到家服务的用户与到店购买的用户可以分为两类人，有到家服务需求的还是以年轻人为主，但是在逐步向中老年群体延伸。

有人指出，"懒"人群指的是虽不出门，但用手机"指挥"商家上门为他服务的人群，这类人群主要需要外送服务和上门服务，并且"懒"人群整体用户规模呈增长趋势。

据有关报道，步步高对接京东到家后，通过到家模式新抓取的用户会员与原来步步高到店会员重合率只有3%，也就是到家与原来的到店的用户基本分为两类人。

未来会有以下三大趋势：
（1）需求到家的消费群体会越来越多；
（2）同一消费者会同时存在到店、到家购买需求；
（3）消费者会针对不同的需求场景、不同的商品品类选择到店或到家购买方式。比如，对一些比较笨重的商品，越来越多的人选择到家模式。

所以，面对这样的变化，零售企业必须要做到家服务。如果不做到家服务，那些特别倚重到家服务的消费者就会流失。

10.2.2 建立与顾客的在线连接

与顾客建立在线连接，这是当前零售企业需要特别重视的。当前的移动互联网环境下，消费者的生活已经逐步变成一种在线化的方式。截至2019年底，有报告显示我国移动互联网用户已经达到13.19亿，平均单日在线使用时长突破341分钟，许多重度用户单日使用时长突破10小时。这几个指标说明目前越来越多的消费者的生活变成了移动在线化的方式。在线化已经成为越来越多消费者的基本生活特征。

在这种在线化的社会环境下，零售企业必须要实现与顾客的在线连接。在线连接顾客是零售企业必须要做出的重要动作。

在线连接顾客可以有很多方式，但是通过到家模式实现与顾客的在线连接是最主要的方式之一。到家模式可以连接到顾客，有效影响到目标顾客，有效满足目标顾客的到家服务的需求，并且借助这种在线化的连接方式，产生非常重要的营销价值。

在连接顾客方面，盒马做出了积极的尝试。某次盒马店铺里面还有20箱保质期只剩一周的牛奶库存。当天店铺迅速启动营销，以从来不曾有过的"买一送一"的优惠进行打折销售，尽管如此，从下午1点到6点，店铺里只是卖掉了十几瓶。如果是传统零售，就会"守株待兔"没有办法了。但是盒马，6点之后，从众多会员中提取出买过此品牌牛奶的客户，统一推送了打折促销的信息，结果三分钟之内，20箱牛奶被抢售一空。

10.2.3 激活用户

当前零售企业的经营理念必须从由商品去影响顾客转换到经营顾客。如何有效激活顾客，如何提升顾客的活跃度必须要成为当前营销的重心。这是当前零售

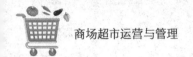

营销理念需要作出的重大调整。

目前，靠商品、靠传统的促销手段激活顾客越来越困难，需要转换为在线化的方式。而通过到家服务，建立与顾客的连接，用线上方式激活顾客是当前最有效的方式。

京东到家合作商超规模稳步扩大

2020年3月，本地即时零售平台京东到家宣布，伴随加速下沉、深耕区域的策略，除了与沃尔玛、永辉、华润万家等全国连锁商超持续稳定合作外，合作商超规模将进一步扩大。

百联集团、家家悦、佳乐家、美食林、宜昌北山、阳光超市、劝宝超市、全福元、喜玛特……数十家连锁百强和区域龙头超市与达达集团达成合作，陆续上线达达集团旗下本地即时零售平台京东到家，旗下本地即时配送平台达达快送提供履约配送保障。

此外，红旗连锁、新天地超市等多家连锁商超也将于2021年年初上线京东到家。

截至2020年3月，达达集团已和200多家知名连锁商超达成合作，京东到家业务覆盖全国超过600个县区市，搭建从全国连锁到区域龙头，从大卖场、标超、便利店到精品超市的多类型、全业态商超矩阵。通过携手更多连锁商超合作伙伴，京东到家对已覆盖的城市不断增强超市品类商品供给的密度和丰富度，同时加快进驻更多三四线城市。

以2019年9月上线的家家悦为例，首批上线的门店集中在济南，双方将继续扩大并深化合作。百联集团已上线京东到家的门店包括世纪联华、吉买盛、联华超市和快客便利店的大卖场、标超、便利店三种业态，除了覆盖上海、南京、苏州、杭州、福州、合肥等一二线城市外，也为镇江、芜湖、六安等三四线城市消费者提供本地即时零售服务，有力增强了京东到家在华东地区的超市品类多样化供应能力。

与此同时，达达集团与卜蜂莲花、武商等众多已携手的连锁商超持续深入合作，并加速下沉，为更多三四线城市消费者提供"1小时到家"服务。截至2019年12月，卜蜂莲花广东省内的门店过半数已上线京东到家，覆盖广州、佛山、中山、湛江、阳江等主要城市，11月销售额相比1月增长了9.1倍。其中中山、湛江、阳江均为2020年新上线城市。阳江、湛江的门店上线京东到家半年多时间，11月的日均销售额相比4月增长了3.4倍。

武商集团旗下武商超市76家门店现已有39家上线京东到家，3年时间实现了线上销售额的10倍增长。2020年，武商超市将继续深入与达达集团的合作，将有更多城市、更多门店入驻京东到家。同时，双方也将在系统层面实现更深层次的对接，利用京东到家的大数据平台赋能武商超市门店，发挥各自优势，将便捷的购物体验带给更多的消费者，实现线上线下合作共赢。

随着消费需求的升级和消费模式的进化，为了满足更多城市和区域的消费者网上逛超市、1小时送达的需求，达达集团与更多实体连锁商超合作，优势互补，深耕区域，将已验证成熟的即时零售商业模式带入三四线城市，为本地居民提供更加便捷舒适的购物体验，不断提升服务密度和商品丰富度。

同时，达达集团也为实体零售商提供高效低成本、成熟可复制的线上线下一体化解决方案，从履约、用户、商品、流量等全方位赋能门店，助力实体商超加速数字化转型升级。

10.3 开拓生鲜市场

在消费升级和新零售的风口下，生鲜因其高频、刚需、市场容量大等特性，在近几年成了资本行业关注的热点，无论是互联网电商巨头，如阿里的盒马鲜生、京东的7FRESH，还是传统实体零售，都将生鲜视为开启新零售的必争之地。

10.3.1 盒马鲜生

盒马鲜生，结合"传统商超+外卖+盒马App"，开创了互联网驱动、线下体验的复合模式，一定程度上成为新零售模式的标杆。盒马鲜生店面如图10-2所示。

盒马鲜生从本质上来说还是一种线下的零售超市，但线

图10-2 盒马鲜生店面展示

上App的加入，让盒马鲜生实现了线上线下的深度融合。用户可以到线下门店进行消费，也可以通过盒马App进行下单，完成消费行为。

盒马鲜生与传统线下门店最大的区别就在于，盒马鲜生完美结合了大数据、互联网、智能化设备，实现了人、货、场三者之间的最优化匹配，在保证用户体验的前提下完美融入智能化技术，多方面创新零售模式。

在盒马鲜生后端，每个商品都有独特的电子标签。当线上下单之后，拣货员根据订单前往仓储区拣货，用PDA扫描仪扫码之后放入专用拣货袋，并挂上输送带，从而进行配送。智能技术的使用实现了效率的提升，全数字化的供应、销售、物流过程保证了配送速度与用户体验。

盒马鲜生全店不接受现金付款，仅使用支付宝结账。到店消费的用户必须下载盒马App，成为注册会员后通过盒马App或者支付宝进行支付。强制性的支付手段能够有效保证用户消费数据的提取，同时创造良好的引流效果，保证支付宝的有效营销。

10.3.2 7FRESH

7FRESH是京东旗下的美食生鲜超市平台，也是京东"无界零售"的重要标兵。7FRESH店面如图10-3所示。

图10-3　7FRESH店面展示

7FRESH的商品构成中生鲜产品占比约为75%。7FRESH各门店的选品都是根据京东大数据分析周围客群消费喜好，而且在各地区门店落地之初，就十分注重本地化商品的引入。例如：在广州琶洲保利店和佛山越秀店内，就引进当地众多区域特色商品，如维记乳品、香满楼乳品、潮庭丸类、泰国富贵虾(濑尿虾)、冰鲜马鲛鱼等。

7FRESH餐饮服务也注重差异化。例如：在广州保利店引入"广州酒家""点都德"等品牌；在成都摩玛新城店，香辣兔头、冷吃兔丁、歌乐山辣子鸡、辣卤凤爪、芽菜叶儿粑等四川地区特色美食都可以被找到。

相关链接

7FRESH的"黑科技"

为了迎合客群，7FRESH完全是一个精粹版的京东科技集合，承接了许多京东自主研发的"黑科技"。

1.智能购物车

消费者在超市当中，会看到自动行走并躲避行人的载货小车，这就是运用了京东无人车技术的智能购物车。只要通过扫码与购物车绑定，车体会弹出一个装有手环的框，消费者佩戴上手环，这些购物车可贴身跟随，随时帮你"拎着"选中的商品。

2."魔镜"系统

消费者拿起带有二维码标识的水果，"魔镜"便可自动扫描感应，将水果的原产地、甜度等信息展示在镜面上。可以说，"魔镜"不仅是导购的角色，它更重要的作用是为用户提供全面的商品信息，打破了传统零售信息不对称的局面。

3. 自助"刷脸"支付

7FRESH支持现金、微信、刷卡等当下几乎所有支付方式。与传统超市不同的是，7FRESH还增加了无需提前预设、操作步骤简单的"刷脸"支付，为人工结算分流的自助POS结算以及摇一摇手机便会弹出支付二维码的"摇一摇"支付。

4. 智能货架系统

以往，传统零售店都是依据运营人员个人经验来上货补货，而7FRESH智能货架则大大提升运营人员的效率，运营人员可先通过电脑1：1模拟进行摆放操作，完成后直接进行上货。

10.3.3 苏鲜生

2017年4月，苏宁在徐州推出了全国首家"SuFresh苏鲜生"精品超市，主营蔬果、牛奶、肉类、海鲜、鲜花等商品。与阿里的盒马鲜生类似，苏宁的苏鲜生超市也提供3公里范围内半小时闪送服务。苏鲜生店面如图10-4所示。

苏鲜生北京首店——八里庄店于2017年12月29日开业，这是一家基于"餐饮+零售"、线上线下一体化运营的"升级版"新店。该店选址北京朝阳路苏宁生活广场负一层，为苏宁自有物业。从门店运营形态，以及苏宁早前与万达、恒大等达成的战略合作看，苏鲜生的一个业务"构想"，是基于快速复制，形成一定的线下市场覆盖密度，通过线上线下一体化模式，为消费者创造购物便利性价值，形成消费闭环。

图 10-4 苏鲜生店面展示

这家店一大特色是，力图强化卖场的体验性价值，因此，在 2480 平方米面积内，辟出了 700 平方米面积用于餐饮、堂食。该店营业面积 2480 平方米，经营 7000 个左右 SKU（Stock Keeping Unit，存货单位）。其中，生鲜区 400 平方米，经营 SKU 900 个左右。苏鲜生针对的目标市场，主要迎合社区年轻客群的一日三餐需求，同时，覆盖社区日常生活场景，提供社区生活一站式购物。

比如，苏鲜生也经营家纺、美妆、家庭清洁等日化用品。

10.3.4 超级物种

2017 年 1 月 1 日，永辉全新打造的新零售品牌"超级物种"，登陆大本营福州，首店营业面积 500 平方米，门店单品数量超过 1000 种。超级物种店面如图 10-5 所示。

图 10-5 超级物种店面展示

超级物种是高端超市和生鲜餐饮的混合，定位为轻时尚及轻奢餐饮，以80后、90后等新消费群体作为主要目标客户。店内经营的品类分为：波龙工坊、鲑鱼工坊、盒牛工坊、麦子工坊等模块，主要以生鲜为主。其中，波龙工坊、鲑鱼工坊、盒牛工坊可以现场加工，就像海鲜大排档，现场买单现场加工后食用。

比如，福州的旗舰店，汇集了鲑鱼工坊、波龙工坊、盒牛工坊、麦子工坊、咏悦汇、生活厨房、健康生活有机馆和静候花开花艺馆8大物种。而其他的门店可能仅包括其中的几个工坊，但餐饮类工坊通常是标配模块。

用户还可以通过永辉生活App享受周边3公里配送上门的服务（满18元），目标30分钟内送达。京东是永辉的大股东，京东物流为超级物种提供配送服务。

超级物种是生鲜超市模式的升级，组合工坊，实现多重餐厅类型的结合，在提供优质购物体验的同时，提供舒适的用餐环境。超级物种的全新业态，正如其名字一样，试图追求物种（工坊模块）的不断演化。

10.4 增强购物体验

在全民购买力提高以及消费升级的背景下，消费内容与消费主体发生了极大的改变，这就决定新零售必须创造新价值，基于消费者行为学中好的消费氛围的营造对于增强消费者的购物体验，甚至是消费决策会产生重要影响的理论，服务体验化与场景化是创新价值的途径之一。

10.4.1 创新一站式多场景体验购买模式

传统商场（超市）应摒弃单一的购买模式，创新一站式多场景体验购买模式，从而大大增强消费者在购物过程中的参与感和体验感。体验式设计的核心与实质是研究特定场景下目标用户会采用什么样的思维和行为模式，通过对一个完整的产品或服务流程的优化设计，满足客户需求并影响其主观体验。

10.4.2 注重情感与便捷方面的消费体验

此外，传统商场（超市）还注重在情感与便捷等方面的消费体验。

比如，在情感方面，可以不断地向消费者传达一种轻松、舒适、有趣的形象，营造一种安全感和信任感，加强与顾客的情感联系。在便捷方面，为了解决传统商场（超市）大规模的排队等待结算的问题，可以引进自助收银设备，将其布置在各个区域，方便顾客随时结账，从而给消费者带来极大的便利。

"新零售"背景下传统商场（超市）应站在注重消费者体验的角度上，重视与消费者的互动，营造良好的消费氛围，从开放式服务入手，给客户提供售前、售中、售后高品质的服务，从而形成体验式消费场景。

相关链接

新零售带来消费新体验

每天下班后到家附近的盒马鲜生店，现场购买食材，厨师现场制作，吃完再回家。

下班前在盒马鲜生App上下单，指定好送货时间，人到家食材也正好送到，再也不用在冰箱囤蔬菜水果了。

对于"咖啡控"来说，公司和小区附近相继开了一家网红咖啡店，线上点单、不用排队、无现金支付，可以自提也可以外送，喝咖啡更加方便了。

……

以上这些消费模式，相信已经成了不少消费者的习惯。

目前，在大数据、云计算等科技的加持下，新零售概念兴起，开始改变不少人的消费习惯。自助结账、刷脸买单、最快30分钟送货上门等便捷的购物方式"吸粉"不少。

但新零售不是简单地在超市里加几把凳子、几张桌子，多一些新奇的商品，或者简单上线一个App，而是重构了一种消费模式。

业内专业人士表示，新零售模式下，传统零售与电商之间是一种相互包容、相互弥补的关系，线上与线下相互引流，线上展示、销售商品，线下让商品更真实可触，同时为线上解决最后一公里问题及售后服务。

跻身新零售行业的步步高集团的董事长认为，"新零售的诞生其实对应的是消费者对更高生活品质的追求，首要考虑的是顾客的便利性和需求。未来的消费主流是90后、00后，他们有意愿到店铺逛，同时也会在线上订购。所以熟练掌握和使用互联网工具、线上线下深度融合的零售企业受到欢迎。"

10.5 充分运用新技术

通常，信用卡、现金等结算方式在传统零售中使用较多，这使得传统零售商无法有效掌握消费者信息，导致统计客户数据存在较高的难度，而仅依靠会员卡等方式，数据仍很难得到保证。对消费者的偏好和购物习惯无法有效掌握，对消费者开展针对性的精准营销就无从谈起。即使能够收集到消费者的数据，成本也是高昂的。而"新零售"背景下的商场（超市）则可以通过线上支付平台，并辅助以大数据、云计算等新技术来有效地解决这个问题。商场（超市）充分运用大数据、云计算等新技术主要能带来图10-6所示的三个方面的好处。

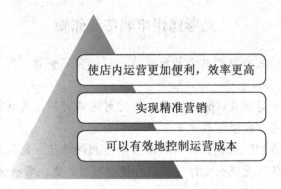

图10-6 运用大数据、云计算对商场（超市）的好处

10.5.1 使店内运营更加便利，效率更高

商场（超市）通过与大数据对接，并利用大数据的优势，实现了一系列数字化的过程，这其中就包括了用户信息数字化、商品信息数字化、交易流程数字化和内部管理数字化，使得零售的销售效率以及门店和物流的运营效率进一步提高，也使得运营操作更加清晰、透明和高效。

10.5.2 实现精准营销

传统商场（超市）可以通过分析大量的消费行为数据、历史交易数据，掌握每位消费者在购物时的行为特征与偏好，并通过App、客户端、短信等方式向消费者进行个性化推荐，从而实现精准营销，并提高了转化率。依靠大数据、云计算实时对店内的商品进行优化调整，运营商可以根据客户的消费行为和习惯，决定哪些产品需要增加供应强度，哪些产品需要调整促销策略。清晰的数据可以反映更多的问题，并且可以帮助企业更好地控制一切。

10.5.3 可以有效地控制运营成本

通过大数据、云计算可以聚合和处理线下门店和在线销售的数据，通过深入挖掘消费者数据来连续存储数据。反向引入平台系统，分析数据与数据的交集，了解消费者的具体需求，利用前端销售数据影响后端供应链的生产，形成闭环，可以有效控制成本。

相关链接

商场（超市）布局新零售"样本"

1. 世纪联华鲸选

开业时间：2017年8月（首家店）

地址：杭州西湖文化广场

经营面积：20000平方米

相较于传统超市，世纪联华鲸选未来店将门店体验从满足"一站式购物需求"升级到满足"全链路消费需求"，构建了包括购物消费、家庭消费、娱乐消费、社交消费、文化消费等在内的全零售消费场景配套服务。

它对品类和品牌进行重组，将数十个品类专业店以"精品馆"的形式在大卖场中组合呈现。同时，也基于门店提供线上订单1小时送达服务（周边3公里范围内）。

特点：

（1）模块化运营。鲸选按照家居用品、乳制品、休闲食品、美妆、母婴、生鲜等品类，将卖场划分为一块块独立区域，类似于品类专业店，如卖居家生活杂件的"优品生活"、卖母婴用品为主的"妙喵城"、卖糖果的"Sweet Word"、卖美妆的"姿研舍"等。餐饮区域也是根据海鲜、牛排等细分品类设置不同的美食体验区。

（2）融入科技和娱乐元素。如电梯通道里的裸眼3D环绕的卡通巨幕、贯穿全店的H5盒子美术馆、与图片社交软件"in"合作推出的自动AR照片打印机等、智能炒菜机、自助收银机等，鲸选未来店加入了很多的科技元素，同时还配有迷你KTV、自助充电宝、网红直播区、迷你酒吧、沙拉吧等互动娱乐空间。

（3）更灵活的选品逻辑。淘汰过往大卖场滞销的商品，引入年轻客群喜欢的潮流品牌、网红品牌。比如，其美妆精品馆所售品牌选自天猫销量排名前十、海淘热门的品牌，零嘴工坊从糖果、薯片到饼干均以进口产品为主。

虽然这些品牌是否会符合鲸选消费群体的需求还有待市场检验，但其将根据自身定位、线上线下数据、市场调查等动态调整品牌和产品。

（4）后端履约效率的提升。为了提高拣货效率，鲸选仓储系统优化为"门店仓＋前置仓"的模式。门店仓是指门店即仓储，线上订单可直接在卖场中完成拣货；前置仓是指将动销率高的爆款统一陈列在门店内的配送中心。

此外，值得注意的一个细节是，鲸选门店内还设有多个看起来像是个小货架的"鲸选暂存点"，用于放置非高频线上订单货品以及第三方外送平台订单货品的预存和集合。

据悉，世纪联华共有四套拣货模式，即根据500平方米、500～2000平方米、2000～20000平方米以及20000平方米以上的卖场面积，分别采用一人多单、一人一单、一单多人以及多人多单的拣货模式。由此，20000平方米的鲸选未来店（多人多单）可以做到10分钟内完成拣货，随后交由饿了么、美团等第三方物流配送团队，基本可以满足70%订单半小时送达。

（5）由第三方服务商闪电购提供平台服务，而非自己打造后端系统。其"中台"系统主要有三大功能：一是集合App、有赞、小程序、外卖平台等线上渠道流量；二是搭建线上订单履约系统，提供拣货和配送的解决方案；三是打通线上线下的会员和营销系统。

（6）增大堂食比重但不是做餐饮。据鲸选项目负责人介绍，他们从不说自己做餐饮，而只是将超市中本来就有的熟食档口、水产档口、猪肉档口等进行了升级。因为，要吸引年轻客群就需要增强门店的社交属性、体验感以及品质感。其餐饮区主要是帮助顾客加工刚买的生鲜食品或者给顾客提供一个社交场景。

2. 百联RISO

开业时间：2017年6月（首家店）

地址：上海陆家嘴商圈

经营面积：3200平方米

RISO被百联称为"新零售发现店"，是百联全渠道电子商务有限公司孵化的项目。它像超市，卖食品、生鲜、日用品；它像咖啡吧，你可以在这儿喝下午茶；它像餐厅，帮你搞定一日三餐；它也像花店、书吧……

这个总面积3200平方米的店分为上下两层，一层为生鲜商品超市，包括海鲜水产、肉食、蔬菜、冻品等品类，二层为特色意大利餐饮档口、进口商品货柜以及漂流书吧。

特点：

（1）"超市＋餐饮＋书籍＋音乐"的融合。RISO最大的特点是一个"融"字，空间与场景的融合，轻食与品质的融合，线上与线下的全渠道融合，美食与购物的多业态融合。它将餐厅、花店、咖啡吧、书吧等融入超市门店，顾客在这里可以购物、就餐、看书、欣赏音乐等，未来还将融入艺术、文化、展览等更多业态。

（2）线上线下一体化。RISO线下门店是向消费者提供体验服务的支撑点，RISO手机端App同步上线。门店和线上商品库存打通（将分步骤打通百联集团旗下所有业态的商品库存）、会员打通（原百联集团会员不用重新注册即可登录RISO手机App），提供基于门店周边3公里的到家配送服务以及RISO手机App所有商品到家服务。

（3）定位中高端。RISO首家店有3000多个SKU，其中60%为进口中高档商品，且生鲜占一半以上。其目标用户是中高端客群，与百联集团百货会员的高端人群相吻合，也选址在高端白领聚集区，他们拥有极高的购买力。

（4）情景式解决方案。RISO在门店布局上突出场景化，货架和餐饮档口完全融合，顾客可选购食材带回家，也可以选择在现场加工即食，或者观摩烹调全程。鲜肉冷藏柜旁设置酒类柜台，按消费场景进行商品陈列，刺激客户进行连带消费。

同时，门店还尽量减少货架，增加体验区的面积。比如，美食体验区内设置了现场烘焙体验，生鲜区食品区设有拍照互动，还设有图书漂流吧供书友分享、交流。

（5）与百联集团旗下多条业务线打通。RISO背靠百联集团的全球供应链做商品精选。目前，进口商品是跟百联集团全球购公司进行协同，其他的协同资源则包括联华超市的250多个全国农产品直采基地等。此外，RISO的App与"i百联"实现会员通、支付通、营销通。

3. 永辉超级物种

开业时间：2017年1月（首家店）

地址：福州鼓楼区福州广场

经营面积：500平方米

"超级物种"是一个基于会员电商平台及体验店的新零售业态，它集"高端超市＋食材餐饮＋永辉生活App"于一体。它既是超市，顾客可以选购食物带回家；也是餐厅，顾客可以选择食物让大厨现场烹饪；也可以让顾客享受便利的线上体验。它以店面为中心，深度融合线上线下，提供3公里范围内30分钟极速送达的服务。

特点：

（1）超级物种是继红标店、绿标店、精标店、会员店之后永辉推出的第五个新业态，融合了8个创新项目：鲑鱼工坊、波龙工坊、盒牛工坊、麦子工坊、咏悦汇、生活厨房、健康生活有机馆、静候花开花艺馆。

（2）超级物种由多个"物种"组合而来，根据商圈不同任意搭配。每一个"物种"都是永辉自己孵化，而且首家超级物种的8个产物曾单个在永辉其他业态做过尝试。

（3）经营模式采取"线上+线下+餐饮"，线下门店集合卖场、餐饮、仓储、分拣等功能。物流配送方面采取"前场库存+后场物流"的形式，并自建物流。

（4）全部自营，一方面可以更好地做产品的研发和推广，另一方面也避免了出现联营模式中合作商户不挣钱、减少品类或者直接撤场的现象。

4. 天虹sp@ce

开业时间：2017年1月（首家店）

地址：深圳华强北商圈

经营面积：3000平方米

天虹sp@ce定位为"都会生活超市"，首家店是由位于深圳华强北商圈的深南天虹超市转型升级而来。其立意是以"Lifestyle"（生活方式）为本的生活空间，希望与追求品质生活的顾客分享都会生活的内涵，共创"Natural Lifestyle"（自然的生活方式）。

特点：

（1）sp@ce业态改变了超市行业以"商品群"为导向的售卖思维，通过聚焦"生活区块场景"来设计顾客的合理动线，从冰箱→厨房→餐桌→客厅→浴室→卧室，从即食食品→半成品→新鲜食材，从柴、米、油、盐、酱、醋、茶→咖啡、红酒、烘焙、旅行、文创等主题专区，都是以顾客生活方式的需求为导向来打造的"都会生活空间"。

（2）按照"国产知名商品+国际化、年轻化、有机健康商品"，同时确保进口和有机商品定价合理的路线来组织商品结构。首家店开业时已上架了6000余种进口商品和500余种有机商品。

（3）把"餐厅"植入超市，引进日本料理、粤式烧腊、意式比萨、澳洲安格斯牛排和欧日烘焙等东西方特色餐饮，并设置舒适的就餐休息区，满足都市顾客对美食的追求，对一日三餐多样化、便利化的需求。

（4）"价值营销+体验营销"。sp@ce在店内每个区域都设置了产品试吃、产品故事和使用方法介绍的体验区和产品文案。此外，"体验厨房"还提供美食课堂培训和生活食材加工服务。

（5）线上线下融合。线上"天虹到家"业务满足顾客线上购买需求，支持门店商品超市直送，2小时内送到家。线下sp@ce支持"手机自助买单"功能，顾客用手机扫描商品即可轻松完成在线支付，无需排队结算。

5. 大润发优鲜

开业时间：2017年7月（首家店）

地址：上海杨浦大润发店内

经营面积：230平方米

"大润发优鲜"（原名"飞牛优鲜"）是由大润发飞牛网打造的生鲜O2O项目，首家店是在大润发杨浦店内改建上线的。它有自己独立的App，但可以使用飞牛网账号登录，顾客既可以在线购买等待送货上门，也可以在线下直接购买。

特点：

（1）经营品类涵盖生鲜食品、进口食品、日用百货、快消商品等，其中主要以生鲜食品为主。在商品选择上，引进了更多进口、中高端商品。

（2）以店为仓，从前端拣货到后库的装箱都是由物流带来传送。大润发优鲜接到顾客订单后，工作人员会根据手中的拣货PDA（掌上电脑）指引，把货架上标准化、独立包装的商品装袋，再挂至运输系统，自动运至后仓配送人员手中。

（3）配送系统主要以自有物流——飞犇物流为主，同时采用与第三方合作的模式，门店3公里范围1小时送达，最快可做到30分钟送达，可配送热食、常温和冷链等全温区商品。

（4）大润发优鲜将改变大润发选址布局的格局，主要进驻市中心、购物中心，初期以北上广深为重点，以弥补大润发在一线城市布局的不足。

6. 步步高鲜食演义

开业时间：2017年6月（首家店）

地址：长沙梅溪新天地

步步高的新零售业态"鲜食演义"是其对精品超市进行升级改造的样本。

特点：

（1）升级的核心部分是打造线上线下全时段立体消费模式。步步高在云猴精选App基础上开发了专属于鲜食演义的App，供消费者在线上购买步步高卖场3000多种常规商品，以及熟食、切配净菜等美食，还提供送货上门服务。

（2）主要升级了精品超市的餐饮板块，扩大了就餐区面积，汇集了中国地区、东南亚、欧美及日韩等多地美食。同时，引入的海鲜即食餐区也是一大亮点，消费者选购了海鲜可以当场烹调并在店内餐食。

7.新华都海物会

开业时间：2017年5月（首家店）

地址：福州市五四路新华都购物广场

经营面积：5000平方米

特点：

（1）以餐饮为主、售卖食材为辅的"餐饮+超市"业态，打造集海鲜集市、美食集市、主题餐饮、超市于一体的全新商业模式。

（2）海物会由新华都和福建一家专业餐饮公司揽季合资组建，新华都控股。因此，卖场内的餐饮为自营业务。

（3）通过"一区一景"的场景定位打造社交型餐饮。比如，500平方米的海鲜池配上烹饪和就餐区，营造了"食材区就像水族馆"的用餐体验。

（4）顾客在新华都App或第三方外送平台下单，无论生鲜还是熟食，承诺在"1小时内送达顾客"，由第三方配送。

（5）海物会是新华都创新小业态餐饮的孵化器。海物会将根据消费受众的需求，组合、调配出可以独立开店的新业态。海物会也可和新华都大卖场、百货、购物中心等业态协同、组合发展，是能对后者起到"引流效应"的新零售业态。

8.物美新零售门店

开业时间：2017年8月

地址：杭州市上城区

经营面积：1500平方米

物美新零售共3家店，这里以杭州物美近江店为例。相比一般的大卖场，物美杭州近江店增加了大面积的餐饮堂食区，新增餐饮体验业态，各色小炒、中式套餐、法式牛排、寿司、蔬菜沙拉等都可以现场加工。同时，门店陈列也更加精细化、场景化。此外，物美与多点合作，用户用多点App扫描商品条码，商品便可自动加入电子购物车。

9.阿里盒马鲜生

开业时间：2016年1月15日

地址：上海张扬路3611号浦东金桥国际商业广场一号楼B1层

经营面积：4500平方米

盒马鲜生是一家支付宝会员生鲜体验店，"盒马"取谐音"河马"。门店采用全自动物流模式，从前端体验店到后库的装箱，都是由物流带来传送，线上下单到装箱只要10分钟就可以完成。最快半个小时就可以把商品送到消费者手里，覆盖周围5公里范围。

盒马首家店整个店面以大理石铺地，以黑色货架、大玻璃框呈现商品并采用开放式的厨房。整个门店以体验为主导，分为肉类、水产、南北货杂粮、米面油粮、水果蔬菜、冷藏冷冻、烘焙、熟食、烧烤以及日式料理的刺身各区，方便顾客挑选。

盒马鲜生采用"线上电商+线下门店"的经营模式，集"生鲜超市+餐饮体验+线上业务仓储"为一体。从经营特征上实现了控货和数据获取（仅支持支付宝支付），采用了新技术提升效率，属于典型的新零售公司，新门店仍在扩张，其在一线城市的竞争力不容小觑。

作为阿里旗下的生鲜电商超市新物种，盒马鲜生表现出了典型新零售公司的强大竞争力，其"餐饮体验+超市零售+基于门店电商配送"的商业模式在国内也属首创。

10.6　利用社交新零售扩大销售

对于传统零售而言，销售形式单一，已经无法满足顾客需求。如今，社交化零售模式不再只是团购和会员模式，无论是企业还是个人都可以用社交化流量裂变模式去销售商品，社交已经不仅仅是一个概念，社交新零售即将成为商家必备的经营模式。

10.6.1　打造门店主打单品爆款

要想打造门店主打单品爆款，可在一个品类中选一个优质单品。

比如，盒马打造的一罐300克的塑料瓶装大米，1瓶米、2瓶水、3人食，甚至还有免淘米系列。这瓶新奇的"瓶装米"来自盒马自有品牌，切中了"懒人"的痛点，一上市就"卖疯了"。

10.6.2　先从让利下手

商场（超市）可借助网红直播或者微信朋友圈等进行推广。社交新零售最重要的一点就是每个人都是媒体，都能成为商品推广的渠道，类似口碑营销，但是又借助平台和客户进行分享和互动，运用一种更真实亲切的销售方式。

10.6.3　进行福利激励分享

对于复购买率较高的产品来说，可以通过利益和福利激励等方式让顾客分享给好友。只要顾客把购买链接分享到朋友圈或是社交群，可以获得优惠券或积分或小礼品，只要分享传播就可以自动获得利益（小礼品兑换券）、报酬（发放购物券，消费可自动核销），这样就可由一个客户聚集到几百个新顾客。

另一方面，商场（超市）可以查看管理软件后台了解购买或是分享的顾客的情况，通过对这些客群大数据进行分析，再利用各种营销手法针对这些高价值客户进行精准推送，促进其消费。

10.6.4　做好内容营销

复购率越高的产品，竞争力越大。所以商场（超市）就必须要注意营销内容，善于运用营销内容来实现客户的裂变。

比如，商场（超市）可以通过软文和精美图片来阐述商品的亮点以及附属价值，如免洗、即煮等，要擅长将消费中的高频词植入商品宣传以实现传播裂变。